コンパクト 司法・犯罪心理学

初歩から卒論・修論作成のヒントまで

河野荘子・岡本英生 編著
Kono Shoko & Okamoto Hideo

北大路書房

まえがき

本書は，司法・犯罪心理学を学ぶ人のために書かれた入門書である。読者は主に大学生・大学院生を想定しているが，司法・非行・犯罪に関する職業に就こうとしている人や，臨床心理士，教師など，青少年に関わるすべての人たちにとって，役に立つ内容になっている。また，公認心理師の受験資格を得るための必修科目である「司法・犯罪心理学」や「司法・犯罪分野に関する理論と支援の展開」のテキストとしても使用できるようにしている。

本書の前身である，2013年に上梓された『コンパクト犯罪心理学』は，犯罪心理学の入門書として，あるいは大学の講義のテキストとして，これまで幅広く活用され好評を得てきた。そして，同書の出版から７年が経過し，この間，犯罪心理学の進展はめざましく，重要な新たな知見が蓄積されるようになった。また，少年院法の改正や再犯の防止等の推進に関する法律の施行など，非行少年や犯罪者を取り巻く法整備は大きく進んだ。さらに，心理臨床分野では，国家資格である公認心理師が誕生し，司法・矯正分野に関する知識は，身につけるべき主要な素養の１つとなった。これらの変化に対応するため，取り上げるべき項目を見直し，著者も大幅に入れ替え，これまでの内容をさらに充実させた概論書となるようにしたのが，本書『コンパクト司法・犯罪心理学』である。

なお，本書は，『コンパクト犯罪心理学』と同様の，基本的な２つのポイントが引き継がれている。１つは，実証研究の知見をできるだけたくさん内容に盛り込むということである。何事にもエビデンスを求められる昨今，科学の成果としての司法・犯罪心理学を幅広く理解することはとても大切である。そのため，本書では，司法・犯罪心理学の各研究領域で実証研究をおこなっている研究者に，できるだけエビデンスにもとづいた研究成果をもとにして，章や節を書いていただくようお願いした。執筆者には，基本を重視するとともに，新しい動向も取り入れること，この分野特有の言語や表現などについては，初学者にも理解できるよう丁寧に説明することなどを心がけていただいたこともこれまでと同様である。

２つめは，司法・犯罪心理学をテーマにした卒業論文や修士論文を書く際に，手助けになるような内容にするということである。大学や大学院で，司法・犯罪心理学を学びたいと思う学生はますます増えている。しかし，彼らが非行少年や犯罪者を協力者にして調査や研究をおこなうことは，容易ではない。本書では，非行・犯罪者を対象にしなくても研究を進めるための一助となるよう，一般の人々を対象にした司法・犯罪心理学研究もなるべく多く紹介することにした。大学生・大学院生であっても，司法・犯罪心理学の発展に寄与する論文を書くことができるというのは私たちの変わらない考えである。

本書の編集に際し，今回も北大路書房の北川芳美氏から多大な援助を受けた。心から感謝の意を表したい。

2020年８月

河野荘子
岡本英生

目次

Column（コラム）

第1章　犯罪心理学とは

1節　犯罪心理学の概観

1. 犯罪心理学とは

(1) 犯罪心理学の定義

犯罪心理学とは，心理学の一分野で，犯罪者や犯罪行為について研究する学問領域である。だが，正確にはこの定義では不十分である。まず，研究対象は，犯罪者や犯罪行為に限らず，被害者，捜査したり裁く行為やそれに関わる人，犯罪者処遇制度，そして人々の犯罪への不安感など犯罪に関係するさまざまなものである。また，その研究方法も，心理学にとどまらず，法学や社会学などで得られた知見や方法論が用いられることもある。したがって犯罪心理学は，犯罪者，犯罪行為，そして犯罪に関するさまざまなものについて主に心理学的な方法論を用いて研究する学問分野というのが適切であろう。

(2) 犯罪心理学の特徴

学問領域を基礎領域のグループと応用領域のグループに分けるとすれば，犯罪心理学は後者のグループに属する。特に日本における犯罪心理学の専門家の多くは，警察，裁判所，矯正施設，保護観察所などの非行・犯罪に関わる司法・行政機関（表1－1）に所属しており，それぞれの実務の中で研究が行われ，もっぱら実務がより円滑に進むように研究成果が活用されてきた。このように実務に直

▼表1-1　非行・犯罪に関わる主な司法・行政機関

警察
検察庁
裁判所
矯正施設（刑務所・少年院・少年鑑別所等）
保護観察所
児童相談所
児童自立支援施設

結した研究が多いというのが犯罪心理学の1つの特徴となっている。一方で，近年は大学に所属する研究者の数も増えてきているので，今後は実務に直結しない研究も盛んになっていくものと思われる。

犯罪を研究するのは犯罪心理学だけではない。法学の中の刑事法学，社会学の犯罪社会学，医学における法医学などもそれぞれ犯罪に関する研究を行っている。それぞれが異なったアプローチで同じ犯罪というものを研究している。これらの学問領域は相互に影響しあい，関連しあっている。そういった意味では，犯罪心理学は心理学の一領域というだけではなく，犯罪について扱う学問分野のうちの1つという捉え方もできる。

2. 犯罪と犯罪者

(1) 犯罪とは

ウィルソンとハーンスタイン（Wilson & Herrnstein, 1985, p.22）によれば，犯罪とはそれを禁じ，それをすると刑罰が与えられるとする法律を破る行為である。このようにどのような行為が犯罪となるかは法令により規定されている。そしてこのいわば厳密な意味での犯罪が，犯罪心理学の主要な研究対象となっている。

法令で規定されている犯罪は，①構成要件該当性，②違法性，③有責性（責任）の3つの要件を満たすものである（裁判所職員総合研修所，2017, pp.12-13; 西田，2010, pp.258-259）。これら3つの要件のどれか1つでも欠けるとそれは厳密な意味での犯罪とはいえない。

①構成要件該当性

構成要件該当性というのは，法律で刑罰に値すると規定された行為を行うことである。どのような行為がそれに該当するかということは，刑法や特別法（道路交通法，覚醒剤取締法，銃砲刀剣類所持等取締法など）で定められている。どれだけひどい行為であり，たとえ社会に害悪を与えるような行為であったとしても，法律に書かれていなければそれは犯罪とはならない。社会には有害といえる行為が無数に存在するが，その中の特に一部のもののみが法律で規定され犯罪とされているのである。これは，強力な国家権力である刑罰が行使される範囲を最小限にしようとする謙抑主義の考え方に基づくものである（大塚，2015, p.9)。

②違法性

構成要件に該当する行為は基本的には違法な行為であるはずだが，例外として違法でないケースが存在する。正当防衛や緊急避難などがそれである。このような違法性が除外される事情（違法性阻却事由という）がない場合が，違法性があるとされ，犯罪成立のための２つ目の要件となっている。

③有責性（責任）

さらに，その行為を行った者を非難できることが３つ目の要件となる。これが有責性（責任）である。たとえば，心身喪失者や14歳未満の者による行為は，たとえ構成要件該当性と違法性を満たしたとしても，それは犯罪とはならない。

(2) 犯罪者とは

先に説明した犯罪を行った者が犯罪者ということになる。これまでの犯罪心理学研究では，この犯罪者を司法・行政機関が取り扱う者（警察に逮捕された者，保護観察中の者や刑務所入所中の者など）に限定することが多かった。これは犯罪心理学の専門家の多くが司法・行政機関に所属して実務の中で研究を行ってきたからであろうが，厳密な意味での犯罪をしたことが確認された者だけが研究対象となっているという意味では適切なことである。ただし，司法・行政機関によって扱う犯罪者の性質がやや異なることに注意する必要がある。たとえば警察が取り扱う犯罪者はかなり幅広くさまざまな者がいるが，刑務所にいる受刑者は何度か犯罪をくり返した者や重大な犯罪をした者が多くなる。そのため，犯罪者を対象とした研究であっても，どの司法・行政機関でデータがとられたのかにより得られた結果が異なるということがあり得る。

さらに，注意しなければならないのは，厳密な意味での犯罪をした者のすべてが司法・行政機関で取り扱われているわけではないということである。犯罪はごく一部の人のみが行うのではなく，ほとんどの者が一度ないしそれ以上の犯罪をするといわれている（Wallerstein & Wyle, 1947)。しかし，被害が届けられない

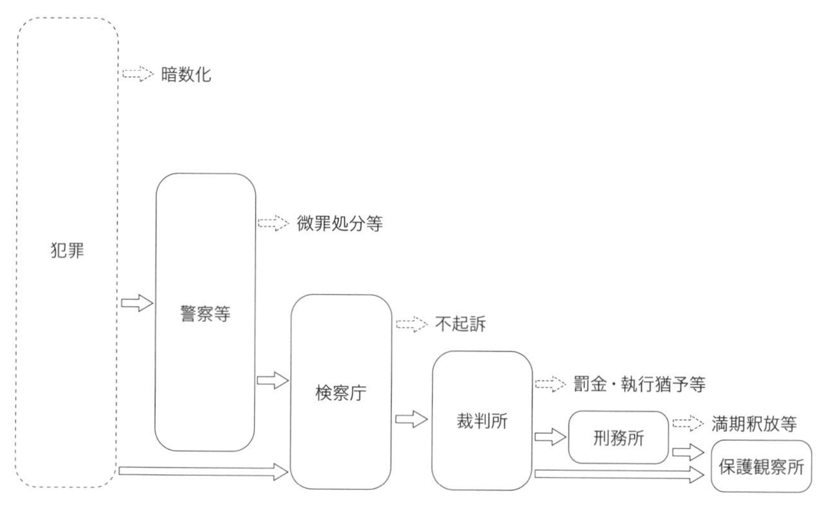

▲図１-１　司法・行政機関で取り扱う犯罪者数が減っていく様子（イメージ）

などして多くの犯罪を警察で把握できず暗数となっている。つまり世の中で発生した犯罪のうち一部しか警察に認知されていない。さらに警察が認知した犯罪のうち検挙されるのは何割かであり，さらにそこから裁判にまでかけられる者の数はもっと減る。そして刑務所に入所したり，保護観察の対象となったりする者は全犯罪者のうちのごく一部にしかすぎないことになる。これを守山・西村（2001, p.27）の刑法犯のスクリーニングを参考にしてイメージで示すと図１-１のようになる。右側のほうにいくほど，扱う犯罪者の数は少なくなる。

このように司法・行政機関が把握していない「自由な犯罪者」とでも呼ぶべき者が相当数いることがうかがえる。ところが，これら「自由な犯罪者」は調査協力を得にくいということもあってこれまであまり研究対象とされてこなかった。もちろん「自由な犯罪者」は刑務所等にいる犯罪者に比べれば軽微な犯罪しか行ったことがない者が多いだろう。しかし犯罪行為を行っていることには変わりがなく，当然犯罪心理学の研究対象とすべきものである。「自由な犯罪者」の中でも調査協力を得やすいもののうちの１つが大学生である。これはつまり，司法・行政機関に入所・係属している者を対象としていなくても犯罪者の研究ができることを意味する。

3. 犯罪の近接・類似概念について

(1) 犯罪の近接・類似概念

犯罪の近接・類似概念はいくつかあるが，ここでは触法，非行，いじめ，迷惑行為，そして逸脱行為について説明する。この中でも触法や非行は犯罪概念と密接に関連している上，かなり以前から法令上の明確な定義も行われているため，これまで犯罪心理学の研究対象として扱われてきている。一方いじめは学校や職場で行われるものなどさまざまあるが，小中高校で行われるものについては近年法令上の規定が行われるようになった。また，迷惑行為や逸脱行為は法令上の明確な定義が存在せず，曖昧なものとなっている。ただし，逸脱行為については犯罪も含むより広い概念として使用することができる。

①触法

触法行為は行為の内容は犯罪行為と同じであるが，行為者に責任がない場合である。心身喪失者や14歳未満の者が刑罰法令に触れる行為を行うと，それらは犯罪ではなく触法行為をしたと言われる。刑罰の対象とはならないが，心身喪失の状態で殺人や放火などを行った者については，心身喪失等の状態で重大な他害行為を行った者の医療及び観察等に関する法律により医療および観察を受けることがある。また，14歳未満の者で触法行為を行った場合は触法少年として少年法の適用を受け，保護処分の対象となる。

②非行

非行とは，少年が行う犯罪や触法，そして犯罪や触法を行うおそれのある状態であり，犯罪と一部重なる概念である。少年法第３条では非行少年として次の３つがあげられている。筆者による説明も加えると以下のようになる。

・14歳以上20歳未満で犯罪をした少年（犯罪少年）
・14歳未満で刑罰法令に触れる行為をした少年（触法少年）
・将来犯罪または触法をするおそれのある20歳未満の少年（ぐ犯少年）

なお，これらのうち「犯罪」をしたのは犯罪少年のみであり，触法少年とぐ犯少年は犯罪をしているわけではない。特にぐ犯少年はまだこれから行うおそれがあるというものである。いずれにせよこれら３つのいずれかの少年による該当する行為が非行ということになる。

③いじめ

いじめ防止対策推進法第2条によれば，小・中・高校などにおいて児童・生徒を対象にして行われるいじめは「児童等に対して，当該児童等が在籍する学校に在籍している等当該児童等と一定の人的関係にある他の児童等が行う心理的又は物理的な影響を与える行為（インターネットを通じて行われるものを含む）であって，当該行為の対象となった児童等が心身の苦痛を感じているもの」となっている。いじめの中には犯罪とならないものが多いが，なかには犯罪（14歳未満の者による行為であれば触法）の範疇に入るものも出てくる。たとえば，加害者側が行為をエスカレートさせていき，脅して現金を持ってこさせるようになるとそれは犯罪（あるいは触法）となる。いじめは，犯罪でない行為の延長線上に犯罪があるということを明確に示すものといえよう。

④迷惑行為

迷惑行為とは，他者に迷惑をかける行為であり，その範囲は大変広い。日本では社会的迷惑として研究が行われている。社会的迷惑とは斎藤（1999）による暫定的な定義によれば，行為者が自己の欲求充足を第一に考えることによって，結果として他者に不快な感情を生起させること，またはその行為とし，行為者がその反社会性を明確に意識していないことから，攻撃や反社会的な犯罪とは異なるとしている。しかし，この定義をベースに作成された尺度（吉田ら，1999, 2000）をみると明らかな犯罪行為も含まれている。犯罪行為の中でも，被害者が明確でないものは迷惑行為といえないかもしれないが，そうでないものは迷惑行為のうちに含まれるはずである。したがって，迷惑行為は犯罪行為と一部重なるというのが妥当であろう。

⑤逸脱行為

逸脱行為についての明確な定義はないが，法令違反に限らず，社会の規範から逸脱した行為とすることが多い。社会の規範には道徳や慣習も含まれることから，親の言いつけを守らないことや，約束を守らないことなども逸脱行為に入ることになる。逸脱行為は犯罪行為も含めたかなり広い概念ということができる。

(2) 犯罪の近接・類似概念を研究対象とする意義

犯罪の近接・類似概念の中でも，触法や非行についてはこれまで犯罪心理学の研究対象として扱われてきている。犯罪心理学で研究の対象とすべきかどうか疑問が出るのは，そのほかの近接・類似概念であるいじめ，迷惑行為，そして逸脱行為であろう。しかし，基本的にはこれらも犯罪心理学の研究対象に含めるべきである。その理由として，構成要件該当性の問題——どのような行為が犯罪として規定されているかが時代とともに変化するということがある。たとえば，覚醒剤はかつて薬局で普通に販売され，誰でも所持・使用ができていた。ところが，戦後，覚醒剤の濫用者が増え社会問題となったため，1951年から覚醒剤取締法が施行され，濫用目的での所持・使用等が犯罪となった（法務省法務総合研究所，1989）。どのような行為を犯罪とするかはこれまでにも変更されてきたし，今後も変わっていく。現在，法令上犯罪とされていないものであっても，将来犯罪となることはありえる。これは，悪い行為について，それが厳密な意味での犯罪ではないからといって研究対象から除外してしまうべきではないことを示唆している。

また，そもそも何が犯罪として法令で規定されているのかということを考えれば，なぜ厳密な犯罪概念にとらわれないほうがよいのか理解できるだろう。世の中には有害な行為が無数にあるが，謙抑主義の考え方に基づき，犯罪として規定されているのはそのうちの一部にしかすぎない。したがって，もともと犯罪とされているものだけが悪い行為とはいえない。犯罪ではないが犯罪に近い悪い行為が多く存在しており，それらが迷惑行為や逸脱行為といった近接・類似概念の範囲に入っている。つまり，厳密な意味での犯罪に限定してしまうと，そのほかの多くの悪い行為を取りこぼしてしまうことになるのである。ゴットフレッドソンとハーシ（Gottfredson & Hirschi, 1990／大渕（訳），2018）のセルフコントロール理論によれば，犯罪をしやすい者というのは，犯罪ではない悪い行為も行いやすい。つまり，厳密な意味での犯罪とそうではないが悪い行為とは連続線上にある。そのため，研究対象を厳密な意味での犯罪に限定してしまうと，そもそも犯罪者の行う悪い行動のすべてが把握できないことになる。

2節　犯罪を心理学的に研究する方法

1. 犯罪に関するものの測定

(1) 数量化するということ

人間の心理を客観的に測定するために，心理学では数量化ということが行われる。犯罪心理学でも同様であり，行動，言語報告，そして生理反応が数量化されて用いられることが多い。行動であれば，たとえば万引で何回逮捕されたかという数値を用いることがある。言語報告であれば，たとえばBig5など各種の心理尺度への回答結果を使用したりする（第2章3節を参照)。生理反応では，たとえば呼吸運動，皮膚電気活動などを数値化したもので記憶検出について判定する(第3章2節を参照)。なお，この場合の数量化とは連続変数にすることのみを指すのではない。たとえば，ある行動をする，しないということも，した場合を1，しない場合を0とすること（ダミー変数）で数量化ができる。このように行動を数量化することで，結果が客観的に測定でき，統計的検定も可能になる。数量化による研究は個別の事情などがあまり考慮されずどちらかといえば浅い分析になりやすいといわれることがあるが，得られた結果は一般化しやすい。

数量化というのは魅力的であり，数値を扱うだけで科学的と思い込む人もいる。しかし，数量化にあたってはいくつか気をつけなければならないことがある。犯罪関係の研究で特に注意しなければならないのは，①サンプリングの妥当性と②数量化にあたっての妥当性であろう。①は数量化を行わない質的研究においても重要なことである。このサンプリングの妥当性の問題を考えるにあたって，まず次のような例を考えてもらいたい。初めて地球に来た宇宙人が，地球人とどのように付き合うか（友好的かあるいは敵対的か）を決めるために，地球人1,000人について調べるとする。そして，その宇宙人が手っ取り早く調査を終わらせるため，ある刑務所に入っている受刑者1,000人を対象者として選んだとする。果たしてその調査結果は地球人を的確に表すものといえるだろうか？　きっと我々は宇宙人に対して，面倒くさがらずにもっと幅広く対象者を選んでほしいと言うだろう。サンプリングは適切に行われなければ，たとえ万単位のデータを集めたとしても意味をなさない。だが，これが地球人の中でも重篤な犯罪者について調べるための調査であったとすれば，刑務所の受刑者1,000人のサンプリングはそれほど不適切なものではない。ただし，特別な事情により受刑者の一部の者にしか実施していない個別式知能検査の結果を用いて，受刑者の知能の特徴について論じるというのは適切なサンプリングに基づくとはいえない。もし受刑者の知能の特徴について明らかにしたいのであれば，知能検査をもっと幅広く実施したうえで対象者をランダムに選定することが望ましい。

②の数量化にあたっての妥当性を考えるための例として，たとえば，殺人と強盗で量刑が異なるかどうかを過去10年間の判決の平均値をとって比べる研究というもので考えてみよう。有期懲役の場合はそのまま数値化できる。懲役１年なら１，懲役10年なら10とすればよい。しかし無期懲役や死刑はどうだろうか。仕方がないからと無期懲役を40，死刑を50としたとする。それで殺人と強盗のそれぞれの量刑の平均値をとって比べる――これは明らかにまずい方法である。数量化にあたっては，その数値化が妥当であることが必要になる。なお，この場合は，死刑，無期，そして有期懲役の３つのカテゴリをつくり（あるいは有期懲役については，５年未満，５年以上10年未満，10年以上の有期といった具体的にいくつかのカテゴリに分けてもよい），殺人と強盗のそれぞれでどのカテゴリが多くなるかを比べる方法が妥当であろう。

(2) 公的データ

司法・行政機関で把握している犯罪に関する情報を用いて研究を行うことがある。近年はオープンデータが拡充されており，司法・行政機関の職員でなくてもそれらデータが活用しやすくなっている。ただし，パーソナリティ特性などの個人データとのドッキングは，公的機関に所属している研究者でなければむずかしいという問題がある。

また，公的データは基本的に確認されたものであり，次に述べる自己報告と比べればかなり信頼のおけるデータといえる。しかし，公的データが取りこぼしているもの（暗数）が多数あることもわかっている。犯罪被害にあったとしても被害者は面倒くさい，恥ずかしい，加害者からの仕返しが怖いなどの理由から必ずしもそれを届けない。また，薬物使用など被害者がいない犯罪では，捜査機関が検挙活動に乗り出すのでなければ，犯罪の発生を捉えることはむずかしいだろう（また，捜査機関がほかのことで忙しければこの検挙活動は後回しにされることもある）。そういう意味では，次に説明する自己報告は暗数も含めて起きた犯罪を捉える方法ということができる。

(3) 自己報告

自己報告の手法は多くの場合，過去数か月～1年程度の間の具体的な犯罪行為についての頻度の回答を求める。たとえば①「拾ったお金を自分のものにしたことがある」，②「車を盗んだことがある」……⑩「違法薬物を使ったことがある」といった10個の質問に対し，それぞれ「ない」「1回だけある」「2～3回ある」「4回以上ある」のうちから1つを選んで回答させる。そして「ない」を0点，「1回だけある」を1点，「2～3回ある」を2点，「4回以上ある」を3点とし，10項目の得点の合計を回答者の犯罪性の得点とするのである。ただし，実際に使われている尺度の多くは犯罪行為以外の不良行為を含むものであることから，未成年を対象とした「非行尺度」というべきものである。よく知られた非行尺度として，ショートとナイ（Short & Nye, 1957）のものやエリオットとアジェトン（Elliot & Ageton, 1980）のものがある。

自己報告はそれが間違いないかどうかという問題が残る方法である。回答者の全員が構成要件該当性を理解しているわけではないことや，そもそも嘘をついて回答しているかもしれないといった妥当性についての問題がある。ところが，これまでの確認では，回答がまったくのでたらめというのはまれであり，むしろ回答に協力してくれる者であれば，おおむね正直に回答しているということがわかっている（Hirschi, 1969／森田・清水（監訳），2010; Kazemian & Farrington, 2005）。自己報告は公的機関も捉えていない犯罪行為を広く捉えることができる方法ということができる。また，最大の特徴として，多くの研究者が（公的機関に所属していない者も含めて），犯罪行為とパーソナリティ特性などのデータとのドッキングを自由に行うことができるという利点がある。

自己報告尺度では従来，得点を単純加算することの問題が指摘されていた。犯罪行為には軽微なものから重いものまでいろいろある。たとえば，「人をナイフで刺したことがある」「お菓子を万引きしたことがある」というそれぞれの質問に「1回だけある」と回答した場合，それを単純に1点＋1点＝2点としてよいかという問題がある。犯罪内容の重大さに応じた重みづけを行う必要があるが，その設定方法として，項目反応理論を用いたものが推奨されている（森・津富，2013）。この項目反応理論に基づいた自己報告の非行尺度としては，岡邊（2010）

のものがある。

2. 研究のデザイン

(1) 実験法

原因を突き止めるうえで最もすぐれた方法は実験である。たとえば，殴る蹴るなどの暴力的なシーンを見たことが原因で人が攻撃的な行動をするということを実験により検証する方法を考えてみよう。まず，大学生100人を50人ずつ２つのグループに無作為に割り振り，１つのグループを実験群（experimental group），もう１つのグループを統制群（control group）とする。実験群には暴力的な映像を見てもらい，統制群には何も見せない。そのあと，全員に攻撃性尺度への回答を求め，実験群と統制群の平均値を比較する。もし実験群のほうの平均値が高くそれが統計的検定により有意差ありと認められれば，暴力的な映像は人の攻撃性を高めることが確認できたことになる。このように実験を成立させるのに特に重要なのは，①実験群と統制群の割り振りの無作為化，②独立変数の操作（調べようとしている要因（原因）は実験群のみにあり統制群にはない。また，独立変数の操作は結果（この例の場合は攻撃性尺度への回答）の前に行われる），③統計的検定（結果の差を統計的確率により検討）ということである。

①の無作為の割り振りというのは，実験群と統制群が独立変数以外の条件の違いがないという状態（等価群）をつくるためのものである。もしこれができなければ，たとえば実験群のほうにもともと攻撃性の高い者が多く入ってしまうと，結果として実験群の攻撃性得点が高くなったとしてもそれは暴力的な映像のせいなのかどうかがわからなくなってしまう。

ところで，化学実験とことなり人間を対象とした研究では，法律上あるいは倫理上できないことがある。特に実験ではその制約が大きくなる。暴力的な映像を見せて攻撃性が高まるかどうかの確認を攻撃性尺度の結果でみるのではなく，実際に誰かを殴るかどうかでみる（殴った回数，あるいは殴った相手の数で得点化する）というのは許されることではない。また，虐待が非行の原因になっているかどうかを明らかにするために，子どもが生まれたばかりの夫婦200組を無作為に実験群と統制群に100組ずつ分け，実験群にのみ不適切な養育をするよう教示し，20年後に集まってもらって非行少年になった家族が多いのはどちらの群かを調べるというのももちろん許されない。このようにリアルさと無作為割り振りについて犯罪の実験は大きく制約を受ける。そのため，犯罪関係の研究において実験を用いたものは基本的に実際の犯罪ではないソフトな内容（攻撃性など）を取り扱うものが多くなっている。

攻撃性といったものは犯罪の背景要因として存在することがあるが，犯罪と同一のものではない。攻撃性の原因がわかったからといって，犯罪の原因まで明らかになるとは限らない。では我々はリアルな犯罪の原因を解明することはできないのだろうか。無作為という要件が外れるのであれば，犯罪そのものを扱った実験的研究を行うことは可能である。しかし，それは厳密な意味では実験とは呼べない。それは次に説明する準実験というものになる。

(2) 準実験

実験群と統制群を無作為に割り振ることができない場合に，準実験（quasi-experiment）の方法が用いられる。心理学における準実験の例については坂元(2018) に詳しいが，すべて犯罪研究にそのまま適用できるとは限らない。ここではマックスフィールドとバビー（Maxfield & Babbie, 2018）による犯罪研究における準実験の3タイプである①不等価群デザイン（nonequivalent-group designs），②コホートデザイン（cohort designs），そして③時系列デザイン（time-series designs）に基づき説明する。

①不等価群デザイン

不等価群デザインというのは，通常の実験イメージに近いものである。たとえば，防犯カメラの設置が犯罪減少に効果があるかどうかをみるとしよう。この場合，防犯カメラを設置するかどうかが独立変数，犯罪発生数が従属変数となる実験デザインを考えることができる。防犯カメラを設置した地域が実験群で，設置していない地域が統制群である。この研究デザインは実験と言えそうな気もするが，防犯カメラは行政や地域住民の必要に応じて設置され，研究者の都合による無作為での割り振りはしてもらえないので，厳密な意味での実験にはならない。そこで，防犯カメラを設置した地域（実験群）とほぼ同質で防犯カメラが設置されていない地域を探してそこを統制群とし，両群の犯罪発生数の比較を行う。実験群と統制群は防犯カメラがあるかないかの条件以外はほぼ同じになるようにしなければならない。たとえば，統制群の地域はもともとの犯罪発生数，面積，商店の数，人の通行量，街灯の数などが実験群の地域とほぼ同じ場所を選ぶ。

不等価デザインについてもう１つ例をあげよう。少年鑑別所に入所している少年を用いて，虐待が非行の原因になっているかどうかを確認するとする。これまでの記録により，被虐待の経験のある者50人のデータを集め，これを実験群とする。そして，この実験群50人それぞれにつき性別，年齢などが同じ者（ただし被虐待経験がない者）50人を別に選び出し，これを統制群とする。そして，これまでの補導・逮捕回数を従属変数とし，実験群と統制群の平均値を比べる。この場合，実験群と統制群は被虐待経験のこと以外では可能な限り同質にすることが重要となる。例では，同じにするのは性別と年齢としたが，そのほかにIQや家庭の経済状況などさまざまあるだろう。

②コホートデザイン

コホートデザインは，複数のコホートを活用して実験群と統制群をつくるものである。たとえば，性犯罪受刑者を対象に行っているプログラムが再犯防止に効果があるかどうかを明らかにするため，プログラム導入前の2005年に刑務所を出所した性犯罪者のコホートとそのプログラムを受けて2007年に出所した性犯罪者のコホートを用いる。前者が統制群で，後者が実験群である。両群について，出所後１年間を追跡して再犯率を比べる。もちろんこの場合も不等価デザインと同様，実験群と統制群がプログラムを受けたかどうかということ以外が同じになるよう工夫が必要になる。特に時間的な相違は社会状況が異なることがある。たとえば2006年までは不景気で失業率が高かったが2007年以降は景気がよくなったというような社会状況の変化があれば，再犯率の低下がプログラムの効果によるものなのかそれとも雇用状況のよさによるものなのかがわからなくなる。そのため，失業率の要因を統制することなどが必要になる。

③時系列デザイン

時系列デザインは，同じ対象について何らかの介入を行い，その介入前と介入後の違いを比べるものである。介入前が統制群，介入後が実験群に相当する。たとえば，最初の例――防犯カメラによる犯罪抑止効果をみる研究で，ある地域における防犯カメラ設置前（統制群）と設置後（実験群）の犯罪発生数を比べる。防犯カメラ設置後に犯罪発生数が減少していれば効果があったといえそうだが，これだけでは偶然の可能性が排除できない。防犯カメラの設置前と設置後でほかの条件の変化が起きていないか，また，防犯カメラを設置していない地域でも減少がみられたりしていないか確認することなども必要になる。

(3) 関連の検討

実験や準実験は因果関係の特定が目的となるが，変数間の関連の検討が目的となる場合がある。このような関連の検討は心理学研究法のうちの調査法の枠組みで行われることが多い。たとえば，小保方・無藤（2005）は，中学生に質問紙調査を行い，非行傾向行為と抑うつ傾向との関連を検討した。荒井（2013）は子どもを持つ母親と女子大生を対象に調査を行い，犯罪不安と一般的信頼との関連を検討した。また，星・河野（2018）は，性犯罪受刑者の愛着スタイルと母親との関係を質問紙調査により検討した。そのほかさまざまなものの関連を検討する研究が数多く行われている。

関連をみる研究であっても，原因を検討する研究とみなすことができる場合がある。たとえば，ゴットフレッドソンとハーシ（Gottfredson & Hirschi, 1990／大渕（訳），2018）の提唱したセルフコントロールの低さは，幼少期に形成され，その後生涯不変とされている。この前提に従えば，成人を対象にセルフコントロールを測定する尺度と犯罪の自己報告尺度を同時に実施し，セルフコントロールの低さと犯罪の多さとの関連が見出されれば，セルフコントロールの低さが犯罪の原因かどうかを確認したことになる。

(4) 質的研究

語られたストーリーなど従来の分析手法では扱いにくかったものについて，近年の心理学では質的研究として盛んに研究されるようになった。質的研究は，言語表現や文脈を重視したりなど，実験などと異なり必ずしも仮説検証を目指さない，比較的少ないケース数で（場合によっては1ケースのみでも）実施が可能であるなどいくつかの特徴があるが，手法により異なるため，明確な定義は行いにくい。いずれにせよ，発話データについて数量化を行わないが，その手続きを明確化することで再現性や客観性を担保した研究手法といえよう。心理学においてよく用いられている質的分析として主題分析（thematic analysis）がある(Boyatzis, 1998など)。日本では紹介・適用が遅れていたが，土屋（2016）により紹介され，犯罪心理学研究としては白方（2019）のものがみられる。また，日本でもよく知られているグラウンデッドセオリーの修正版としてM-GTA（modified grounded theory approach，木下，2003）がある。M-GTAを用いた犯罪心理学研究としては，室城（2012）や藤江（2014）などの研究がある。そのほかにも質的研究の方法として，複線径路・等至性モデル（trajectory equifinality model: TEM，安田・サトウ，2012）があり，これを用いた犯罪心理学研究として河合ら（2016）がある。

3. 研究対象者への配慮

化学実験などと異なり人間を対象とした研究では，法律上できないことがある。たとえば，犯罪者や犯罪被害者を観察するため実際に犯罪を起こすというのは許されることではない。法律よりも広い範囲で研究者の行動指針を示すのが研究倫理である。研究倫理には捏造，改ざん，盗用などの防止も含まれるが，ここでは研究対象者への配慮について説明する。厚生労働省の「人を対象とする医学系研究に関する倫理指針」では，研究対象者への配慮として，①研究対象者の生命，健康及び人権を尊重すること，②原則としてあらかじめインフォームド・コンセントを受けなければならないこと，③研究対象者等及びその関係者からの相談等に適切かつ迅速に対応しなければならないこと，④研究の実施に携わる上で知り得た情報を正当な理由なく漏らしてはならないこと（研究の実施に携わらなくなったあとも同様），⑤研究に関連する情報の漏えい等，研究対象者等の人権を尊重する観点又は研究の実施上の観点から重大な懸念が生じた場合には，速やかに研究機関の長および研究責任者に報告しなければならないことが示されている。この指針は医学研究のためにつくられたものであるが，人文社会科学系の研究にも適用できる。特に①のうち人権の尊重は何よりも重要なものとなる。たとえ研究対象者が殺人犯や性犯罪者であったとしても，研究者はその研究対象者を一人の人間として扱わなければならない。すでに法的に受けている刑罰に加えての不利益を受けさせてはならない。

第2章 犯罪の原因とは

1節　社会学的要因

1. 犯罪に関する研究のはじまり

犯罪は，当初，「個人の自由意思によって行われた行為であるから，その責任はすべて行為者自身が引き受けるべきもの（大渕，2006）」と考えられていた。しかし，次第に，環境に負因がある場合（たとえば，貧困）や，必ずしも自由意思によるものとはみなせない場合（例えば，精神疾患のために適切な判断ができない）など，責任のすべてを個人に帰すことのできない事例が存在することに注目が集まり，犯罪者を対象にした研究が始まった。そして，この潮流の中で，犯罪者を取り巻く社会要因を検討する犯罪社会学と，犯罪者の個人要因を分析対象とする犯罪心理学という２つの学問分野が誕生した。

犯罪と社会的要因との関連を重視したのは，フランスのリヨン環境学派である（越智，2012）。この学派によって，「犯罪は貧困によってつくられる」「犯罪は模倣によって社会に広まる」などの，今日の理論の根底を形成する論が展開される。その代表が，デュルケム（Durkheim, 1897）である。彼は，著書『自殺論』（1985年）などの中で，社会規範や社会構造はしばしば変化し，それに適応しにくい人が，新しい社会規範に抵触して犯罪者になること，犯罪者の存在や犯罪行為によって，新しい社会の進化や改善が進められることを論じている。これが後に「社会解体論」と呼ばれるようになる。社会解体論では，犯罪を「健全な社会の本質の一部（大渕，2006)」としたうえで，犯罪は社会変動にともなう規範の弱体化によって起こると説明している。

一方，犯罪と個人要因との関連を検討しようとしたのは，ロンブローゾ（Lombroso）が最初といわれる。彼は，犯罪者を含む膨大な数の人に，綿密な身体測定や精神状態のチェックなどを行い，犯罪者には特有の身体的・精神的特徴があると主張した。ロンブローゾの言う犯罪者の身体的特徴とは，小さな脳，頭の形が非対象，大きなあご，狭い額などであり，精神的特徴とは，道徳的感覚の欠如，残忍性，衝動性，怠惰などである。これらの知見をもとに，彼は，著書『犯罪人論（*L'uomo delinquente*)』（1876年）において，「生来性犯罪者説」を唱えた。今日において，ロンブローゾの主張は，測定方法などの問題があるために論理的根拠が希薄であるとされている。しかしながら，生来性犯罪者説への批判が，犯罪者個人を科学的に検証しようという興隆を作り上げたのは事実であり，今日，彼の研究を，犯罪心理学の出発点とみなすことにほぼ異論はないようである。

2. 犯罪社会学から生まれた犯罪の原因論

人は社会の中で生きており，社会や環境とは切り離せない存在である。それゆえ，犯罪社会学的見地に立った理論を理解し意識しながら，逸脱行為に関する心理学的研究を進めることが不可欠である。以下に，犯罪心理学と深い関係をもつと思われる理論をいくつか紹介したい。

(1) アノミー理論（anomie theory）

デュルケムの考え方をもとに，マートン（Merton）が発展させたものが，もっとも一般的であろう。社会には，その構成員が共通してもっている追及すべき正当な目標（文化的目標：cultural goals）があり，その目標を達成するために社会的に広く認められた手段（制度的手段：institutionalized means）が存在する。しかし，制度的手段への接近には階層的な制限が設けられているために，必ずしもすべての人が文化的目標を達成できるわけではない。マートン（Merton, 1949）は，文化的目標を追求するよう社会から要請されても，制度的手段が平等に配分されていないために緊張（strain）状態がうまれ，それが犯罪の原因となると説明する。

日本では，特定の社会集団や地域に，ある種の問題が集中するという現象がみえにくい背景もあり，アノミー理論を検証しようとする場合によく用いられるのが学歴である。米川（1995）は，「『より高くより良い』学歴ないし学校歴の達成が，けっしてすべての中・高生にとって可能ではないにもかかわらず，すべての中・高生に対し最大の努力をもって追及すべき目標として社会の集合意識や常識によって価値づけられ，強調されているような学校社会を中心に形成された社会状況」を「学歴アノミー」と名づけている。そして，大学進学目標の放棄と否定的自己評価は，相互独立的に，かつ両者並存的で同時的に，無非行少年の非行化や非行歴のある男子少年の再非行化を促進すると述べている（米川，1996）。中村（2005）は，首都圏と中山間地域の中学生・高校生に大規模調査を行い，親の学歴が上位である場合，あるいは，大学進学が文化的価値として強く価値づけられ，目標達成への働きかけも強い地域に居住している場合，目標達成を望みえない，あるいは望まない子どもたちが，逸脱親和的行動に向かったり否定的自己概念を形成したりする度合いが大きいとしている。

一方，岡邊（2010）は，警察統計と国勢調査のデータをもとに，社会階層としての学歴と非行との因果をモデル化した。そして，学歴階層の低位に置かれた少年たちが非行の世界へと参入しやすいこと，特に，凶悪犯や薬物犯罪においてその傾向が顕著であること，社会階層が，親の不適切な養育や本人の学校不適応を媒介して，非行を促進させていることを見出している。この結果をもとに，岡邊は，「非行が一般化した」とされる現代の通説に疑問を投げかけ，非行の偏在性について，より検討を進める必要があると指摘している。

(2) 分化的接触理論（differential association theory）

分化的接触理論は，サザランドとクレッシー（Sutherland & Cressey, 1960）が中心となって提唱したものがよく知られている。逸脱行動は，親密な集団内でのコミュニケーションを通して，学習によって獲得される。逸脱的な集団に属していれば，その中でのやり取りを通して，個人は逸脱的な感覚や思考様式を身につける。日本語で言う，「朱にまじわれば赤くなる」である。学習内容は，犯罪遂行の技術といった具体的なものから，合理化の方法や態度といった抽象的なものまで幅広い。

分化的接触理論は，子どもが人間関係の中で，どのように非行化していくのかなどを検討する際には，非常に興味深い視点を提供してくれる。たとえば，加藤

(2003, 2007) は,「落ち着いている中学校」と「荒れている中学校」に通う中学生に質問紙調査をし, 両校の生徒がもつ生徒文化の違いを明らかにすることを試みた。その結果,「荒れている中学校」は, 不良・非行少年を肯定的に, まじめな少年を否定的に評価するような生徒文化が形成されていることが示された。これらの結果を受け, 加藤は,「まじめ少年を否定的に評価する雰囲気をもつ学校においては, 問題行動とは, 周囲の期待に応える行動であり, その集団内での自らの地位や立場を維持・向上させる手段として機能している可能性がある」と考察している。ある種の文化をもつ集団では, 問題行動も適応的行動の側面をもつのである。

上記のような示唆は, 分化的接触理論の観点からみて, 十分納得できるものである。しかしながら, そのような生徒文化にさらされ, 問題行動を誘発するような周囲からの期待があったとしても, 問題行動にはほとんど関係なく, それなりに順調に中学校生活を営んでいる生徒も少なくないはずである。逸脱的な集団や個人と接触し, コミュニケーションしていても, 逸脱的な学習はほとんどしない多くの子どもの存在は, 分化的接触理論だけでは十分に説明できない現象があることを教えてくれる。

(3) ラベリング理論 (labeling theory)

ベッカー (Becker, 1963) が提唱したものが最も有名であろう。この理論では,「周囲から『犯罪者』『逸脱者』というラベルを貼られること」が犯罪の原因となると考える。これを「烙印づけ (stigmatization)」とも呼ぶ。逸脱者のラベルを貼られた個人は, 何をするにもその烙印がついてまわる中で生きていかざるをえない。そのため, きちんとした仕事に就こうにも職を得られなかったり, 学業に専念しようとしてもその場が与えられなかったり, さまざまな苦境に立たされやすく, 合法的な生活を送ることがむずかしくなってしまう。自らの意思とは関係なく, 周囲が張ったラベルが, その個人を本物の犯罪者にしてしまうと考えるのである。この理論は, 犯罪を, ラベルを貼られた人と貼る人の社会的相互作用の中で生み出される行為と位置づけるのが特徴である。

日本でも, ラベリング理論に基づき, 非行少年を矯正関連施設で処遇することは,「逸脱した子ども」というラベルを貼ることと同じで, 更生や再非行防止には逆効果であるという議論がなされた時代がある。その頃は, できるだけ検挙しない，罰しないことがよいと考えられていた。今日では，そういった処遇のあり方は望ましいものではないとされている。

(4) 社会的絆理論（social bond theory）

社会的絆理論は，「なぜ，世の中の大部分の人は逸脱をしないのか」に注目したハーシ（Hirschi, 1969）が，その著書『非行の原因（*Causes of delinquency*）』（2010年）で提唱したものである。多くの犯罪研究者が「なぜ，人は逸脱をするのか」という犯罪の原因を追究する命題に取り組んでいる中で，視点を180度転換したハーシの理論は，非常に意義深いものである。

社会的絆理論とは，非行・犯罪の抑制要因を「社会に対する個人の絆（bond）」に求めるものである。「絆」は，①「愛着（attachment）」，②「コミットメント（commitment）」，③「インボルブメント（involvement）」，④「信念（belief）」の4つの概念から構成される。①「愛着」とは，個人が両親や学校，友人など身近な人に対して抱く愛情や尊敬などからなる絆のことをいう。人は，基本的には，強い愛着をもつ対象を失望させたり悲しませたりする行動は慎む。愛する対象を悲しませたくないとする思いは，逸脱を抑制する重要な役割を果たすと予測できる。②「コミットメント」は，個人が慣習的な活動に一定の拘束を受けている状態を意味している。合法的で慣習的な活動（たとえば，学校に通うこと，仕事をすること）に従事することによって，人は報酬（たとえば，よい成績，賃金，周囲からの信頼）を得るが，ひとたび犯罪行為をすれば，それらの報酬は取りあげられ，これまでの自分の投資も水の泡になる。ハーシは，人は，合法的生活から得ている報酬を失う恐れから，逸脱を自制すると考えた。③「インボルブメント」は，犯罪について考える暇がないほど，合法的な活動（たとえば，勉強や部活動，仕事）に忙しく従事していれば，そもそも逸脱する機会がないとするものである。逸脱する機会がないから，逸脱することもない。④「信念」は，個人が，自分の属する集団がもつ道徳規範や価値観などを内面化している程度を意味する。よい規範が強く自己のうちに取り入れられていれば，人は逸脱に対して，自己内の規範をもとに正確な判断を下すことができ，逸脱行為を諦めると考えられている。社会的絆理論は，これまで多くの実証研究がなされ，理論的枠組みとしてもおおむね肯定的な結果が得られている（Agnew, 1985; 上田，2006）。

山本（2005）は，アルバイトを「インボルブメント」の1つとし，高校生のアルバイトは非行を抑止するか検討している。その結果，男女ともに，アルバイトをしている者は，していない者より逸脱行動が多いことが示された。山本は，アルバイトが高校生にとって有害な文化と接する機会となっている可能性や，そもそも学校文化に対して逸脱的な高校生が金銭を必要としてアルバイトをしている可能性などをあげて考察している。また山内（2004）は，高校生女子385名に対する質問紙調査をもとに，「学校との社会的絆は，規範意識や感受性の向上を通して，問題行動を抑制する」との仮説を検討し，モデルの構築を試みている。

2節　生物学的要因

犯罪や反社会的行動の発生には，生物学的，心理学的，社会学的なさまざまな要因が関わっている。生物学的要因については，見た目の身体的な特徴から始まり，現在では脳機能や遺伝子に注目する検討が進められている。本節では，犯罪や反社会的行動の発生・発達に関わる要因を生物学的な観点から探る研究に焦点を当て，これまでの知見を紹介する。

1. 身体への関心

犯罪は誰が起こすのか。犯罪の原因を生物学的要因から学術的に捉えようとする試みは，19世紀後半のイタリアでロンブローゾ（Lombroso, C. 1825-1909）が展開した犯罪人類学に遡ることができる。ロンブローゾは，犯罪者を含む何千人もの身体測定や検死を通じて，犯罪者の顔はあごが大きくて頬骨が高いなど形状が異なり，非対称性があるなど退化した構造を多くもつとする生来性犯罪者説を主張した。しかしこの説は，身体測定の方法や対照群の選定が適当でないといった方法論の問題があり，犯罪者の特徴を表すケースがやや恣意的で記述的であった（Wolfgang, 1961）。その後，ゴーリング（Goring, 1913）が，イギリスで犯罪者を含む3,000人以上を対象にロンブローゾと同様な内容について調査し，統計的手法を用いて犯罪者と非犯罪者間や犯罪種間の比較を行ったところでは，見た目の身体的な特徴差はほとんどみられていない。

科学技術や統計手法が進歩した現在では，人の身体をさまざまな観点から捉えることが可能となり，洗練された解析を用いて，犯罪や反社会的行動の発生・発達を探る研究が進められている。主には，体内の生理学的な変化，脳の構造や機能，遺伝あるいは遺伝子である。

2. 生理学的な変化

(1) 神経内分泌系

心理生理学（psychophysiology）は，人の意識や行動の生理学的な基盤を扱う分野である。犯罪や反社会的行動については，主に視床下部－下垂体－副腎系（hypotharamic-pituitary-adrenal axis: HPA系）と自律神経系に注目した検討が行われている（van Goozen et al., 2007）。HPA系では，生体がストレスを受けると，視床下部の室傍核からコルチコトロピン放出ホルモン（CRH）が放出され，CRHが脳下垂体から副腎皮質刺激ホルモン（ACTH）の放出を促し，副腎皮質からコルチゾールの分泌が促進される。コルチゾールには，ストレスに対して生体の機能を最適な状態に保ち，ストレス刺激が過剰に加わらないように制御する働きがある。反社会的行動のみられる成人や，行為障害[*1]（conduct disorder）や反抗挑戦性障害[*2]（oppositional defiant disorder）がある小中学生を対象にした研究（Pajer et al., 2001など）から，逸脱行動の高さがコルチゾール濃度やストレスに対するコルチゾール反応の低さと有意に関わることが示されており，反社会的な行動のある個人はストレスに対して低覚醒であると考えられている。

自律神経系に関しては，交感神経と副交感神経の機能の面から，心拍や皮膚電位活動といった生理学的指標による検討が行われている。交換神経は，身体を興奮状態に置きとっさのときに行動できるようにするシステムで，心拍数や血圧を高める働きがあり，副交感神経は体力の温存や修復に関わり，それらを抑える働きがある。従来から，安静時の心拍数の低さは，犯罪や反社会的行動の高さと有意に関連するとされてきた。近年では，1958年から1991年の間にスウェーデンで生まれた成人約70万人の追跡調査結果（Latvala et al., 2015）が報告され，18歳時点で心拍数が低い群のほうが高い群に比べて，成人期に犯罪を起こす確率が高いことが示されている。

また，皮膚電位活動に関しては，ローバー（Lorber, 2004）によるメタ分析の

＊1　引用した研究はDSM-４の基準を用いているため当時の名称を使用した。DSM-５では「素行症」も併記されている。

＊2　引用した研究はDSM-４の基準を用いているため当時の名称を使用した。DSM-５では「反抗挑発症」も併記されている。

結果から，行為障害のある青少年や精神病質や社会病質（psychopathy/sociopathy）の成人が，安静時あるいはストレスを与えられたときの皮膚コンダクタンス反応（たとえば手の汗腺活動の変化）が低く，反応が鈍いことがわかっている。

(2) 刺激への欲求と恐怖への鈍感さ

このように，犯罪や反社会的行動は生理的変化における不活性さと関わることが示されており，両者の関連メカニズムは主に2つの理論から説明される。1つは刺激欲求理論（stimulation-seeking theory）であり，ストレスに対してコルチゾール反応が低い状態や，自律神経系の機能が低覚醒な状態は不快であるため，コルチゾールの分泌や心拍の上昇など覚醒水準を高めるために反社会的行動を起こすというものである。もう1つは，恐怖に対する鈍感さ理論（fearlessness theory）であり，反社会的行動のある個人は，恐怖を感じる体験が多くてその刺激に慣れてしまうことで，生理学的な反応が鈍化すると考えている（van Goozen et al., 2007）。

3. 脳の部位と機能

(1) 脳の機能局在

科学技術が進んだ現在，単一光子放射断層撮影（single photon emission computed tomography: SPECT）や磁気共鳴機能画像法（functional magnetic resonance imaging: fMRI）などにより脳機能を可視化できるようになった。犯罪や反社会的行動に関しても，種々の逸脱行動の発生や維持に関わる部位の特定と活動の評価が行われている。

表2-1は，犯罪や反社会的行動に関わる部位とそこが司る心理的な機能，および機能不全にともなう行動例をまとめたものである。なかでも前頭皮質への関心は古く，19世紀半ばに脳にひどい損傷を負ったフィネアス・ゲージのケースは有名である。ゲージ氏は，もとは聡明で責任感があり対人関係も良好であったが，工事現場の事故で前頭皮質を損傷してからは，衝動的で，不敬で無責任な態度を取る反社会的な行動が目立つようになった。この事故から100年以上経った後，彼の頭蓋骨をもとに脳イメージ画像を駆使して脳の様子を再現した研究では，損傷部位が情動調整や社会適応的な行動の判断に関わる前頭皮質の腹内側部であっ

▼表２−１　犯罪や反社会的行動に関わるとされる脳の部位（Raine, 2008を一部改変）

部位	心理的な機能	機能不全にともなう行動例
前頭前皮質（Frontal cortex）		
背外側部（Dorsolateral）	反応保持	罰せられる行動をやめられない
	計画性/ 体系化の低さ	仕事や社会生活での不適応，低収入
	心の理論	他者の意図や行動を間違って知覚する
腹側部−眼窩部（Ventral-orbitofrontal）	意思決定	人生における選択を間違える
	情動調整	怒りを抑えられない
	情動反応と行動の仲介	行動を抑えられない
	他者への共感/ 関心	他者の気持ちや状況を冷淡に無視する
内側部（Medial-polar prefrontal）	道徳性の判断	社会的ルールを守らない
	内省	自己洞察の欠如
大脳辺縁系（Limbic structures）		
全部帯状回（Anteiror cingulate）	抑制	反社会的な反応を自制できない
	情報処理のエラー/葛藤処理	葛藤状況でうまく対処することが難しい
後部帯状回（Posterior cingulated）	道徳性の意思決定	社会的ルールを守らない
	自己関連づけ	自分の人生が悪くなると帰属する傾向が低い
扁桃体(Amygdala）	恐怖を感じる状況認知	感情が欠如し良心が未発達
	社会情動的な判断	他者の気持ちや動機を間違って解釈する
	道徳感情	社会的ルールを守らない
	信頼性の判断	過度の社交性や犠牲
海馬（Hippocampus）	文脈恐怖条件づけ	罰せられた反応と社会的文脈を関連づけられない
側頭皮質（Temporal cortex）		
側頭極−上側頭回（Temporal pole-superior temporal gyrus）	心の理論，社会的知覚	他者の動機を間違って解釈する
上側頭回後部（Posterior superior temporal gyrus）	道徳性の判断	社会的ルールを守らない
頭頂葉皮質（Parietal cortex）	道徳性の判断	社会的ルールを守らない
角回（Angular gyrus）	行動に対する責任感	無責任に行動する

たことがわかっている（Damasio et al., 1994）。

こうした損傷以外にも，犯罪や反社会的行動は，脳の前頭皮質の部位や扁桃体の容量の少なさなど，各部位における構造上の問題と関連することが報告されている（Pardini et al., 2014; Yang & Raine, 2009）。

(2) 脳の機能障害とネットワーク

犯罪や反社会的行動のみられる個人は，脳の機能にも違いがみられる。たとえば，精神病質者の男性に感情が喚起される絵を見せると，情動制御に関わる部位の活動レベルに健常者と異なる特徴が認められる（Müller et al., 2003）。

また近年では，脳の各部位の機能をネットワークとして捉え，犯罪や反社会的行動をそのネットワークの障害から説明する立場も存在する。レイン（Raine, 2019）は，道徳性に関わる脳の神経回路が反社会的行動を司る部位と共通することが多いことを示し，道徳感情や意思決定，責任感に関わる1つ以上の部位（表2-1を参照のこと）における構造的・機能的な障害のために反社会的行動が発生するという独自の理論（neuromoral theory）を展開している。

4. 遺伝と遺伝子

(1) 家系の探索から行動遺伝学へ

遺伝もまた，犯罪や反社会的行動の発生を生物学的要因から捉える観点の1つである。遺伝に関する研究は，19世紀の終わりから20世紀初頭にかけて，家系をたどる方法から始められた。家系研究では，先駆者であるダグデイル（Dugdale, 1877）のジューク家とゴダード（Goddard, 1912）のカリカック家の調査が有名である。前者は，刑務所の記録で記載の多かった姓の家族・親族関係とのつながりを探るところから，後者は，知的障害が犯罪に関わる前提に基づき，障害者の家系をたどる形で進められた。いずれの調査も，家系に犯罪や反社会的行動を起こす個人が多いという結果を示したが，環境要因からの説明がないなど当時の優性学の影響を否定できず，科学的根拠も希薄であった。

今日，家族からの情報を用いて犯罪や反社会的行動に対する遺伝の関与を検討する際には，行動遺伝学的手法を用いることが多い。この手法では，双生児きょうだいや養子など，遺伝あるいは環境の類似・相違性に特徴がある家族を対象に調査を行い，観測された変数への遺伝と環境の相対的な影響力を示そうとする

(Plomin, 1994)。同じ家族で暮らす双生児を例にあげれば，一卵性双生児のきょうだいは遺伝子がすべて等しく，二卵性双生児では平均して50%の遺伝子を共有するという遺伝要因の違いがある。また，同居しているので，きょうだいで共有する環境（共有環境）がある一方で，きょうだい一人ひとりに固有の環境（非共有環境）も存在する。行動遺伝学では，洗練された統計解析を用いて，この遺伝要因と２つの環境要因が観測変数の発現をどれだけ説明するかを算出する。攻撃性や非行，行為障害や精神病質，犯罪など，子どもから成人までのさまざまな反社会的行動に関するデータをメタ分析した結果（Ferguson, 2010; Rhee & Waldman, 2002）によると，各要因の説明率は，遺伝が約40～50%，共有環境が約10%，非共有環境が約30～40%となっている。

(2) 遺伝子

行動遺伝学により，犯罪や反社会的行動に遺伝要因が関わるとわかった次の段階として，現在では遺伝子レベルからの探索が行われている。人は両親から受け継いだ23の対になる染色体を持ち，各染色体はDNAで構成され，DNAの一部にたんぱく質を合成するための情報をもった遺伝子が存在する。対になる染色体の間には，片方の遺伝子がある位置（遺伝子座）に異なる遺伝情報を有する対立遺伝子があり，この組み合わせを遺伝型（genotype），各遺伝子型に対応した形質を表現型（phenotype）と呼ぶ。

犯罪や反社会的行動との関連について，かつてはクラインフェルター症候群(男性の性染色体が１つ以上多い）などの染色体異常が関わるとされてきた。しかし，症例数が少なく結果も安定しないことから，今ではその可能性はきわめて低いと考えられている（Götz et al., 1999)。

一方，近年では，セロトニンやドーパミンなど脳の神経伝達物質に関わる遺伝子の研究が進められ，その個体差から表現型である人の行動の違いを検討している。遺伝子の個体差は遺伝子多型と呼ばれ，DNAの塩基配列の違いを意味し，出現頻度が１%以上であるものと定義される。いわゆる単一の「犯罪遺伝子」が存在するわけではない。犯罪や反社会的行動に関わる遺伝子として候補にあげられているのは，セロトニンやドーパミンのトランスポーター遺伝子と受容体遺伝子，モノアミン酸化酵素A（MAOA）遺伝子などであり，それぞれに多型がある。例として，17番染色体にあるセロトニンのトランスポーター遺伝子

(5HTTLPR) には，一部の塩基配列の繰り返しが16回のL型と14回のS型の2種類の多型が存在し，S型が反社会的行動と有意に関連すると考えられている。また，X染色体にあるMAOA遺伝子 (MAOA-uVNTR) にも，一部の塩基配列の反復数が異なる多型があり，2，3，3.5，4，5回繰り返す種類のうち，2回と3回はMAOAの活性が低く反社会的行動のリスクが高いとされる (Ficks & Waldman, 2014)。

5. 生物学的要因を用いた研究モデル

以上のように，犯罪や反社会的行動の発生・発達には，さまざまな生物学的要因が関与すると考えられる。しかし，これら要因の影響をより詳細に知るには，以下の点を考慮する必要があるだろう。まず，遺伝子や脳といったレベルの異なる生物学的要因間の関連から，犯罪や反社会的行動の発生プロセスを考えることである。たとえば，反社会的行動のリスクが高いとされるMAOA遺伝子の活性が低い群は，一般人口中のサンプルを対象とした研究 (Meyer-Lindenberg et al., 2006) において，大脳辺縁系の容量が少し小さく，怒りや恐れを喚起されると扁桃体が過活動になるなど，情動制御に関わる部位にネガティブな特徴がみられていた。

また，生物学的要因と環境要因の相互作用で考える点も重要である。MAOAの遺伝子多型と幼少期の虐待経験の相互作用を検討した研究 (Caspi et al., 2002) では，MAOAの活性が低い群であっても，虐待の経験がなければ反社会的行動は抑えられているが，経験が多くなると反社会的行動のリスクが急激に高まることが報告されている。

最後に，犯罪や反社会的行動は複数の種類に分けることができ，性別や年齢によって特徴が異なるばかりでなく，個人内でも発達的に変化する可能性がある。縦断データを用いたさらなる検討が期待される。

3節　心理学的要因

1. 敵意帰属バイアス

問題行動に至る過程を6つのプロセスにより示した社会的情報処理モデル (Crick & Dodge, 1994) に敵意帰属バイアス (hostile attribution bias) が位置づけられている。敵意帰属バイアスは，行為者の意図が曖昧な状況において，攻撃的な人ほど行為者に攻撃の意図を帰属させることである。たとえば，途中まで作っていたジグソーパズルを目の前にいる相手が壊したとき，どのようなつもりで壊したかがわからない状況では，攻撃的な人ほどその相手に悪意があったと帰属し，攻撃的に振る舞うことである。小学生を対象とした五位塚（2016）は，曖昧な挑発場面で他者の敵意を想定するほど，他者と友好的な関係性の維持は望まず，身体的な攻撃や言語的な攻撃が表出されると主張する。すなわち，他者への攻撃的な認知は，犯罪や暴力行為といった攻撃行動を引き起こす要因の１つといえる。また，近年の研究により，意思決定の役割を果たす眼窩前頭皮質が敵意帰属バイアスを媒介することにより暴力的な態度を高めることから（Quan et al., 2019），敵意帰属バイアスは，攻撃的態度の形成にも影響していると考えられている。ただし，敵意帰属バイアスと攻撃的態度との関連は，病理学的な特徴に基づくものではなく，質問紙尺度により見出された結果である。そのため，社会的情報処理モデルにおける攻撃行動の発達や維持には，敵意帰属バイアス以外の要因も影響を与えると示唆されている（Tuente et al., 2019）。

2. 条件づけ

一般的に，人は罰を受けることを避けるために，悪いことを行わないようになるが，この条件づけのメカニズムが上手く働かない場合は，罰が与えられたとしても悪い行動は減少しなくなる。つまり，犯罪傾向はその人の条件づけのしやすさと密接に関連する（Eysenck, 1964／MPI研究会（訳），1966）。条件づけのメカニズムに基づいて，アイゼンクは，「なぜ人は犯罪者になるのか」という問いから，「なぜ多くの人々は犯罪者にならないのか」という問いに移行し，古典的条件づけの影響を考えた（Bartol & Bartol, 2005／羽生（監訳），2015）。その結果，多くの人々は，幼児期に社会的に認められない行為は罰が与えられることを経験から条件反射的に学んでいることがわかった。一方で，条件づけされにくい人々や学習する機会がなかった人々は，逸脱行動と不快な結果との連合ができないために犯罪行動を示すことが明らかとなった。たとえば，３歳時点での恐怖の条件づけが不十分だった場合，23歳までに犯罪を行いやすいことがわかっている（Gao et al., 2010）。これは，扁桃体や腹側前頭前野が機能不全になり，成長した子どもの罰に対する恐怖感が欠如されるためと考えられている。ゆえに，条件づけられた社会的規範は，不快な結果と連合を形成し，人が反社会的な活動に関わらないように作用するが，条件づけを学習できなかった人々やサイコパスのような罰刺激に対して鈍感な人々（Lykken, 1995）は，犯罪行為に至る可能性があるといえる。

3. 効力感

人間が環境と効果的に相互作用する資質を効力感（コンピテンス）という。効力感と非行・犯罪との関連について岡本（1997）は，学業など社会で適応していくうえで必要な効力感が低い非行少年は，適応的に振る舞えないために逸脱行動により憂さを晴らすと示唆している。また，岡本ら（1996）は，少年鑑別所に入所している少年を対象に効力感について検討した結果，非行の傾向が進んでいる少年はそうでない少年よりも「学習」と「自己価値」における効力感が低いことを示している。これは，教育の比重の高い社会において教育の機会を得られないことが疎外感や挫折感を抱かせ，未来に対する不安を感じさせるためという。そのため，彼らには，教育というハードルを上手くクリアさせることが適応するうえで重要とされている。

一方で，効力感には，自己効力感という概念もある。坂野・東條（1986）は，自己効力感を以下のようにまとめている。社会的学習理論では，ある結果を生み出すために必要な行動をどの程度上手く行うことができるかという個人の核心を自己効力感と呼んでいる。すなわち，ある行動を起こす前に個人が感じる「自己遂行可能感」が自己効力感であり，自分自身がやりたいと思っていることの実現可能性に関する知識，あるいは自分にはこのようなことがここまでできるのだという考えのことである。この自己効力感は，自然発生的に生じるのではなく，①遂行行動の達成（自分で実際に行ってみること），②他者の行為を観察すること（代理的経験），③言語的説得（自己教示や他者からの説得的な暗示），④情動的喚起（生理的な反応の変化を体験してみること）といった情報を通じて，個人が自ら作り出してゆくため，経験に基づいて形成される。また，このような自己効力感は，犯罪予防行動にも役に立つことが指摘されている（荒井・菱木，2019）。したがって，効力感や自己効力感は，犯罪領域においては，高いほど犯罪抑制に，低いほど犯罪促進につながる可能性を秘めているといえる。

4. 共感性

共感性とは，相手の情動的状態や状況について理解することなどにより生まれる情動的反応であり，相手の情動と同様な状態と定義される。犯罪者と共感性の関連について，河野ら（2013）は，犯罪者が他者の不運な感情体験や苦しみに対して同情的である一方で，他者の立場に立って物事を捉える視点が十分に高くない「アンバランスな共感性」をもつとした。この状態では，他者の苦しみによって自分の苦しみが増大することを抑制する自己防衛システムが働きにくくなるという。このことは，非行少年が他者の感情に巻き込まれ，過剰に共感した結果，凶悪犯罪に至ってしまう共感的犯罪（empathic crime）の傾向が強いこととも関連するといえる（出口・大川, 2004）。

一方で，渕上（2008）は，共感性の構成尺度である共感的関心，個人的苦悩，空想，視点取得のうち，共感的関心を除いた下位尺度が非行少年には顕著であることを示した。特に，視点取得は，素行障害を低減させる要因であるため，非行少年には視点取得に着目した処遇が効果的であるとしている。また，近年の研究により，共感性は，言語的攻撃や身体的攻撃との関連が弱いことが示されており（Vachon et al., 2014），非行少年の逸脱行為を抑制するための１つの要因として考えられている。

5. セルフコントロール

セルフコントロールとは，望ましくない目標追求を抑制することである（尾崎ら，2016）。セルフコントロール理論では，犯罪を予測する最も重要な要因をセルフコントロールの低さと主張する（Gottfredson & Hirschi, 1990／大渕（訳），2018）。ゴットフレッドソンとハーシは，セルフコントロールが高いか低いかということは，その人の人生や日常生活におけるあらゆる行動に影響を及ぼすと述べ，セルフコントロールの高い人は長期的な展望をもって物事に取り組み，欲求充足を遅延できる傾向にあるため，適応的な生活を送る可能性がきわめて高く，高い学歴や職業的地位にも就きやすいとしている。一方で，セルフコントロールの低い者は，衝動的，即時的などの特徴をもつため，犯罪行為を行う可能性が高くなると説明する。このようなセルフコントロールの高低は，幼少期のしつけなどに由来し，生後６か月～８歳までの適切な家庭教育もしくは家族代価的な人々による働きかけが大きな影響を及ぼすと指摘している。ゴットフレッドソンとハーシ（Gottfredson & Hirschi, 1990）は，セルフコントロールが欠如すると，①欲望や感情を抑えることができない，②計画的な行動や生活ができず，刺激やスリルを求める，③自分本位で他人のことを思いやることや共感することができない，④欲求不満耐性が低いといった特徴が示されると述べる。犯罪者や非行少年のセルフコントロールについてまとめた大江・亀田（2015）は，彼らの脳の発達の未熟さや機能の偏りといった器質的な制約がセルフコントロール機能を低下させ，犯罪や非行に至らせると述べている。また，経済的水準や文化的水準の低い環境で生育してきたことや虐待などによる愛着の未発達といった環境的負因も低セルフコントロールの一因となるという。さらに，ドゥウォールら（DeWall et al., 2007）も，セルフコントロールの低い人々は，高い人々よりも，挑発された場合に攻撃的な反応を示すという。

以上のように，セルフコントロールは犯罪との関連が指摘されていることから，デジスタンス（再犯や再非行）の観点においては，犯罪を抑制するための認知的要因としても位置づけられている（只野ら，2017）。そのため，セルフコントロールに着目した心理教育的プログラムも数多く存在する。

6．ストレイン

ストレインとは，成功願望があるにも関わらず，その実現可能性が低いことを示す一般化緊張理論（general strain theory, Agnew, 1992）に基づいた概念である。一般化緊張理論は，伝統的な緊張理論に基づいているので，ストレインという用語を使用するが，「緊張」の意味でのストレインとは異なる。一般化緊張理論では，ストレインを「あるグループのほとんどの構成員から嫌われている出来事や状況またはそれを経験した人が嫌っている状況や出来事」と定義する。そして，ストレインを①価値のある目標を現実に達成できないことによるまたは達成できないかもしれないという予測によるストレイン，②価値のあるものを奪われることによる，または奪われるかもしれないという予測によるストレイン，③不快なことが存在することによる，または存在するようになるかもしれないというストレインに分類した。このうえで，「ストレインにさらされている者は，そうでない者よりも逸脱行為に走りやすい」というストレイン仮説をアグニュー（Agnew）は提唱した。この仮説に基づいて，遊間（2008）は，逸脱行動はストレインが存在する場合には促進されるが，ストレインが存在しない場合には抑制されたため，ストレインを，非行などの逸脱行為を促進する要因の１つであると示した。

7. IQ

IQは知能指数のことであり，知能の発達または能力の指標として最も広く使われており，犯罪の分野において指標の１つとして使用されている。たとえば，桑原・池谷（2018）は，先行研究に基づいて，IQと自閉スペクトラム症における犯罪についてまとめた。その結果，アスペルガー症候群（21名），自閉スペクトラム症IQ＞50（４名），自閉スペクトラム症IQ＜50（６名）においては，殺人の割合が，28.56%／25%／16.7%，暴力行為・強姦の割合が38.1%／25%／16.7%，殺人脅迫が9.52%／０%／０%，放火が19.05%／25%／０%，性犯罪が4.76%／０%／０%であることが示された。また，IQ70以上の自閉スペクトラム症の人々25名を実験群，健常の人々20名を対照群として，犯罪・触法行為について検討した結果，実験群は48%，対照群は80%が過去の犯罪・触法行為について報告し，有意な差が認められた。このことから，桑原・池谷（2018）は，自閉スペクトラム症であることそのものが犯罪・触法行為を促すわけではなく，IQの高低が影響している可能性を示唆している。したがって，犯罪の分野においては，IQを測定することにより，犯罪者の犯罪特徴についても把握している。

8. Big 5

Big 5（性格５因子）には協調性（agreeableness）という下位尺度が含まれる（McCrae & John, 1992）。しかしながら，攻撃誘発態度である敵意（hostility）と関連が弱いため，グラツィアーノとアイゼンバーグ（Graziano & Eisenberg, 1997）は協調性（agreeableness）と敵対心（antagonism）は対概念として協調性次元を構成すると主張している。また，Big 5研究では，協調性が低いこと，つまり高い攻撃性は，社会適応にとって不利な性質であるとされている（Back et al., 2009）。

このような現状の中，小学生1,206名を対象とした研究においては，協調性の高さが敵意に負の影響を与えることがわかっている（曽我ら, 2002）。また，協調性の高さは，攻撃的な感情や攻撃的な態度に負の影響を与えるとしている

(Barlett & Anderson, 2012)。さらに，神経症傾向（neuroticism）は，攻撃的な感情を強めることにより，身体的な攻撃行動を促進することも示されている(Barlett & Anderson, 2012)。

したがって，Big 5 は，その特性に応じて，攻撃的な感情や態度，攻撃行動を促進，抑制させる要因といえる。

4節　その他の要因

本章のこれまでの節で述べられてきた要因に加え，個人が犯罪を行うリスクを高める要因として環境の影響を取り上げた研究も多い。ダッジとペティット(Dodge & Pettit, 2003）の生物心理社会モデル（biopsychosocial model）においては，素行症／素行障害などの反社会的行動を規定する要因として，生物学的素因（遺伝，気質など），環境要因（養育，仲間関係，社会文化的背景など），心理学的要因（認知，情動の問題などの心的過程）を取り上げ，それらの相互関係を図２-１に示すモデルに整理している。生物学的素因や環境要因は直接的に反社会的行動に影響するのではなく，心理学的要因に影響を与え，間接的に反社会的行動を規定する。

本節では，生物心理社会モデルの構成要素のうち，これまでの節で扱われてこなかった環境要因の影響に関して，成人よりも環境の影響を受けやすい少年の非行を対象に検討がなされた研究を主に取り上げる。特に家庭環境，友人関係，地域社会に加え，メディアに焦点を当て，心理学的要因を介した反社会的行動への

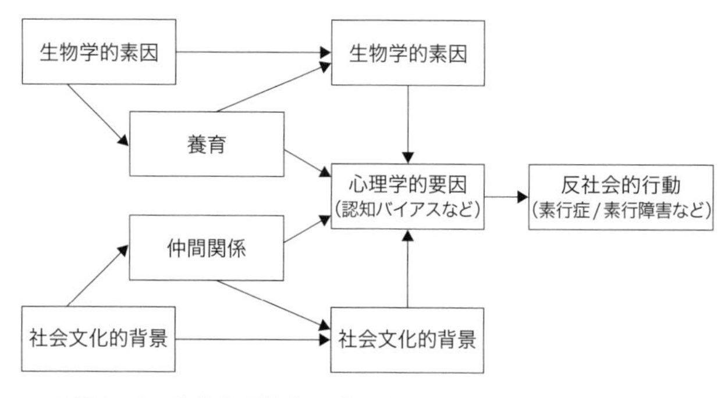

▲図２-１　生物心理社会モデル（Dodge & Pettit, 2003より作成）

影響を実証した研究を，国内の知見を中心に紹介する。

1. 家庭環境

環境要因の中でも，親の養育を中心とした家庭環境の影響については，古くから検討がなされている。そのなかでも，心理学的要因を介して反社会的行動に影響する過程を実証した代表的な研究には，媒介要因として社会的情報処理モデルに基づき反社会的な認知バイアスを検討したダッジら（Dodge et al., 1990）の研究がある。社会的情報処理モデルとは，人が周囲の環境から受けとった社会的情報を処理する過程を複数のステップに分類し，行動表出に至るまでに各ステップで生じる処理のエラーやバイアスを検討の対象とする理論である（たとえば，Crick & Dodge, 1994）。先行研究では，情報処理のエラーやバイアスが多様な反社会的行動に対して高い説明力をもつことが一貫して報告されている（たとえば，Huesmann & Guerra, 1997）。アンドリュースとボンタ（Andrews & Bonta, 2010）は反社会的行動の主要なリスク要因を，反社会的態度・認知，不良交友，家庭環境，学校など８つに整理し，セントラル・エイトと命名しているが，この中にも社会的情報処理の問題は反社会的態度・認知として含まれている。

ダッジら（Dodge et al., 1990）では，縦断研究により，社会的情報処理モデルにおける主要なバイアスである過剰に他者の意図に敵意を想定する敵意帰属バイアスを測定し，身体的虐待や親の厳しすぎる養育が敵意帰属バイアスを生じさせることで攻撃的行動のリスクを高めることを実証している。

一方で，吉澤ら（2017）は，先行研究でネガティブな養育のみの影響が検討されている問題を指摘し，保護要因としてあたたかい応答的な養育が心理学的要因を介して反社会的行動に及ぼす影響を検討している。その際，反社会的な認知バイアスだけではなく，規範意識の高さに相当する社会的ルールを測定し，ポジティブな心理学的要因を含めた検討がなされている。結果として，親が行う応答的な養育を子どもが認知し，その認知が社会的ルール（適応的情報処理）を高め，反社会的な認知バイアス（不適応的情報処理）を抑制することで，反社会的行動を行う可能性を低めることが確認されている（図２－２）。

他の心理学的要因の媒介過程を扱った研究には，親の受容的，統制的な養育が反社会的な認知バイアスを低めると同時に，子どもの共感性を高めることを示した浅野ら（2016）の研究，男性受刑者を対象に実父・実母の欠損，親の逸脱行動

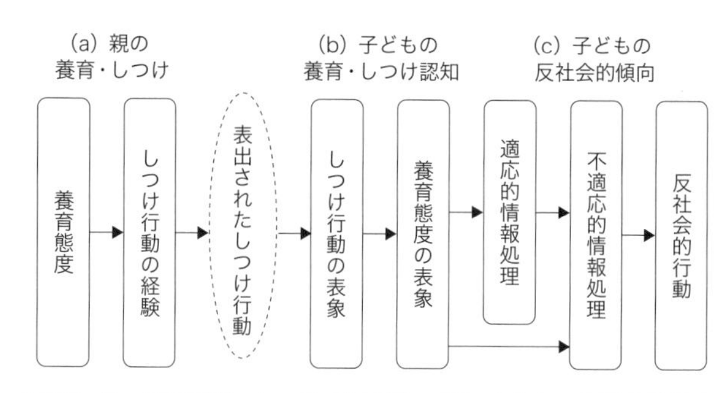

▲図２－２　親の養育・しつけが子どもの認知を介して反社会的傾向に影響する因果モデル（吉澤ら，2017）

や転職の多さなどから成る家庭環境の劣悪さが，受刑者の自己統制（セルフコントロール）の低さを介して，非行歴や複数の受刑歴から成る犯罪進度を高めることを示した河野・岡本（2001）の研究がある。

2. 友人関係

友人関係は，分化的接触理論（詳細は本章２節を参照）でも中心的に取り上げられ，先述したセントラル・エイトにも含まれているように，犯罪や非行に対して強く影響する環境要因である。

小保方・無藤（2005）は中学生の非行傾向行為の規定要因として，親子関係，友人の非行，友人関係などの環境要因と，セルフコントロールといった心理学的要因の影響を検討している。この中で最も説明力の高い要因は，友人の非行であり，他の要因と比較した友人の相対的な影響力の強さが実証されている。

友人や仲間集団の影響の強さは，反社会的な友人や仲間集団に同一化する程度により説明される。中川ら（2007）は，反社会的な仲間集団に自身を同一化し，その仲間集団を志向する程度が高いほど，集団非行に従事する傾向が高くなることを報告している。

反社会的な友人や仲間集団に同一化する程度は，それらの友人や仲間と現実に交わされるコミュニケーションが重要な役割を担う。カパルディら（Capaldi et al., 2001）の提唱する逸脱性のトレーニング理論（deviancy training）では，親友や仲間からのコミュニケーションによる強化が非行・問題行動傾向を助長させ，さらには適切な社会的スキルを学ぶ機会を減少させるとする。

コミュニケーションが媒介する内容は主に反社会的態度・認知であるが，吉澤・吉田（2010）は友人や仲間との相互作用で反社会的態度・認知が共有されるメカニズムを明らかにしている。仲間集団からの影響が単一の親友からの影響よりも強いこと，親友や仲間集団の行動を単に模倣しているのではなく，主に認知のレベルにおいて相互に影響していることが示されている。これらの結果から，逸脱性のトレーニング理論に符合するように，仲間集団との相互作用において，個人が仲間集団と反社会的態度・認知を共有してしまう可能性が示唆されている。

3. 地域社会

反社会的行動は家庭環境や友人関係などの身近な他者だけではなく，よりマクロな地域社会の影響を受ける。地域コミュニティがその地域に住む子どもたちの情緒的・行動的問題に与える影響を検討するうえで，地域住民のまとまりのよさや，地域住民による自らの住む地域環境のコントロールといった組織的な連携の側面が重視されている（Leventhal & Brooks-Gunn, 2000）。

近年の研究では，「近隣の住人が居住者の共通の価値観を認識し，効果的な社会的コントロールを維持する際の弁別的な能力（Sampson et al., 1997, p.918）」と定義される集合的有能感（collective efficacy）が注目されている。集合的有能感を構成する側面としては，非公式社会的統制と社会的凝集性・信頼の２つの概念が仮定されている。前者は地域住民自らが公的秩序を維持することにより達成される非公式の効果的な規制手段とされ，子どもたちの遊び仲間を監視したり，怠学や盛り場での徘徊などの行動を防ぐよう介入しようとしたり，公共の場で違法行為や迷惑行為をする者に対峙したりするといった例があげられている。こうした統制を可能にするうえで，地域住民のまとまりや相互信頼として後者の社会的凝集性・信頼が必要条件になるとしている。

集合的有能感がその地域に住む少年の反社会的行動を抑制するメカニズムに関して，吉澤ら（2009）は心理学的要因の媒介的な役割を明らかにしている。この研究では，集合的有能感を構成する非公式社会的統制が，社会的情報処理の問題を改善し，自己統制を向上することで，反社会的行動の実行可能性が低くなることを実証している。その後の中学校区単位の分析を行った研究や比較文化研究においても，集合的有能感が社会的情報処理を抑制する知見が一貫して得られている（吉澤ら, 2019; Yoshizawa et al., 2020）。

家庭環境，友人関係，地域社会など多要因の影響を包括的に検証した研究もある。吉田ら（2019）は，親の養育，教師の指導，友人の非行，地域住民の集合的有能感が子どもの反社会的な認知バイアスに与える影響を分析している。集合的有能感は親の認知する養育，子どもの認知する養育，および教師の指導を順番に介して間接的に認知バイアスを抑制し，子どもの認知する親の養育と教師の指導，そして友人の非行は認知バイアスに直接的に影響することが明らかにされた。多様な環境要因は独立に心理学的要因に影響するのではなく，他の環境要因を介するなど，複雑な過程を経て，心理学的要因に影響を与え，反社会的行動を左右することが立証されたといえる。

4. メディア

これまで，直接的な相互作用による環境要因を取り上げてきたが，間接的な接触媒体であるメディアの影響も看過することはできない。メディアが犯罪や非行に及ぼす影響は，主に攻撃性を高める要因としての位置づけで，暴力メディアの影響に関する多くの実証研究が報告されてきた（たとえば，Krahé, 2001／秦・湯川（訳），2003; 湯川，2005）。また，模倣犯や劇場型犯罪を生み出すメディアの役割も指摘されている（小城，2017）。

湯川ら（2001）は大学生を対象に，挑発による怒りの喚起と暴力映像が，攻撃行動に及ぼす影響を検討している。挑発による怒りと暴力性の高い映像の視聴が，ネガティブな認知や感情を生み，最終的に攻撃行動につながることが実証されている。また，湯川・泊（1999）は，性的情報への接触が性犯罪行為の可能性を高める過程を検証している。大学生への質問紙調査により，性的メディアへの接触が，友人や年長者との性的な情報交換（コミュニケーション）を促し，性犯罪を合理化するような信念や態度が形成されることで，女性への犯罪的な性暴力へつながる逸脱性のトレーニング理論を支持する知見が得られている。一方，これらの研究は大学生のみを対象とし，攻撃行動や性犯罪に限定されているため，知見の一般化がより求められるといえよう。

以上の研究は，メディアといった間接的な環境要因（社会文化的背景）が，個人の心理学的要因である反社会的な認知バイアスや情動の問題を生じさせ，それを仲介して攻撃行動や犯罪のリスクを高めることを実証している。社会文化的背景が心理学的要因を媒介して反社会的行動に影響することを裏づけており，生物心理社会モデルを支持する知見に位置づけられる。

Column 1　発達障害と非行

◎発達障害と非行の関係

近年，児童養護施設や児童自立支援施設，少年院などにADHDや自閉スペクトラム症といった発達障害を抱える子どもが少なからず入所していることが明らかとなり，発達障害と非行，虐待との関係が注目されている。しかし，言うまでもなく，発達障害だからといって直ちに非行に結びつくことはない。そもそも発達障害の犯罪率は一般と比べて決して高いわけではない。

非行はさまざまな要因が重なり合って生じる。たとえば，多動や対人関係，コミュニケーションの問題などがあり，親が育てにくさを感じている場合，適切なサポートがなければ，子どもは虐待や不適切な養育を受けるかもしれない。読む・書く・計算に困難を抱える子どもの特性について，学校等が正しく理解していない場合，子どもは学校不適応などに陥ってしまうかもしれない。こうした子どもが思春期を迎えると，子ども本来の特性というより，不適切な関わりによる二次障害として，強い劣等感や反抗などが生まれることがあるだろう。

発達障害が非行の直接的な原因ではなく，こうした家庭・学校・地域での不適切な関わりの悪循環の結果として，非行が生じることが少なくない。

◎社会との関係性を見直すこと

非行とは，社会との関係性の悪循環から生じるものだと捉えることができる。子どもは周囲の環境の影響を受けやすいが，外的刺激や情報の入力に偏りのある発達障害があればなおさらのことである。子どもと環境の相互作用のあり方を適切に見極めることが行動改善のための第一歩であり，教育・福祉・司法・保健医療・産業などの協働による切れ目のない支援が重要となる。

近年，障害の捉え方が「医学モデル」から「社会モデル」へと転換する中で，発達障害への支援は，社会的な障壁を取り除くために行うことが求められている。非行については，問題が起きてから矯正・保護を行うという視点だけでなく，予防の視点からの取り組みが欠かせない。具体的には，子どもが小さなサインを示した際には，背景にある生きづらさの存在を想定して，子どもの言葉に耳を傾け，今後の生活の送り方についていっしょに考えることが必要である。

こうした適切な配慮と支援の中で，社会との関係のとり方を見直し，必要なスキルを獲得していくことができる環境を整えることが何よりも大切である。

第3章 捜査・裁判に役立つ犯罪心理学

1節　犯罪者プロファイリング

1. 犯罪者プロファイリングとは

「犯罪者プロファイリング」という用語は，事件現場などから推察される犯罪者の犯行行動の特徴から，当該犯罪者の犯人像などを推定する一連の作業を指すものとして，幅広く使われている。令和元年版の警察白書（警察庁，2019a）では，犯罪者プロファイリングは，「犯行現場の状況，犯行の手段，被害者等に関する情報や資料を，統計データや心理学的手法等を用い，また情報分析支援システム等を活用して分析・評価することにより，犯行の連続性の推定，犯人の年齢層，生活様式，職業，前歴，居住地等の推定や次回の犯行の予測を行うものである」と定義されている。犯人が不明な未解決事件の捜査において，犯罪者プロファイリングによって，可能性の高い犯人像や，次に犯行が発生する可能性の高い地域と日時などの事柄が推定できれば，それらを活用して捜査員を投入し，犯人を捕まえるという方策を考えることができる（龍島，2006）。

上述の警察白書に示される犯罪者プロファイリングの推定項目，すなわち「犯行の連続性の推定，犯人の年齢層，生活様式，職業，前歴，居住地等の推定や次回の犯行の予測」については，①事件リンク分析，②犯人像の推定，③地理的プロファイリングの3つに大別することができる（横田，2018）。まず，①の事件リンク分析は，警察白書の文言では，犯行の連続性の推定に該当する。すなわち，

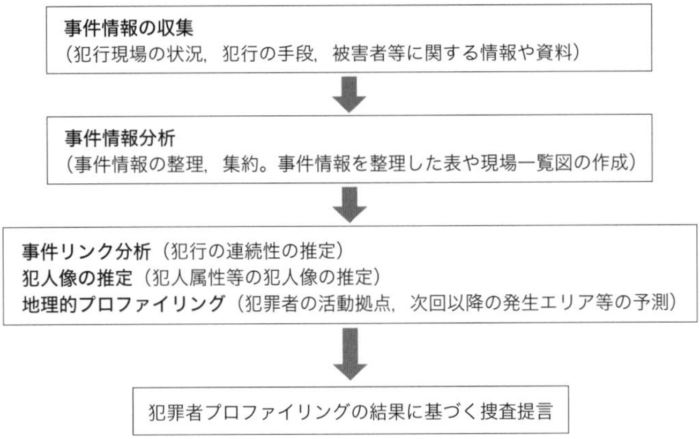

事件情報の収集
（犯行現場の状況，犯行の手段，被害者等に関する情報や資料）

事件情報分析
（事件情報の整理，集約。事件情報を整理した表や現場一覧図の作成）

事件リンク分析（犯行の連続性の推定）
犯人像の推定（犯人属性等の犯人像の推定）
地理的プロファイリング（犯罪者の活動拠点，次回以降の発生エリア等の予測）

犯罪者プロファイリングの結果に基づく捜査提言

▲図3-1　犯罪者プロファイリングの分析プロセス

連続して発生した複数の事件が同一犯による犯行か否かを推定するものである。②の犯人像の推定は，現場から判明している犯行状況から，犯人の年齢層，生活様式，職業，前歴といった犯人像を推定するものである。③の地理的プロファイリングは，犯行現場の地理的な分布等から犯罪者の空間行動に関する分析を行うことにより，犯罪者の活動拠点（居住地，勤務先など，ある人間が日常的に訪れる地点）や，次回以降の犯行の発生エリア等を予測するものである。わが国における犯罪者プロファイリングでは，これら3つ以外に，事件情報分析も犯罪者プロファイリングの分析の1つとして行われている。犯罪者プロファイリングにおける事件情報分析とは，事件情報を収集，整理，集約し，事件情報を表にまとめたり，電子地図に事件現場や関連現場をプロットして一覧図などを作成したりする作業である（龍島，2016）。

図3-1は，上述した犯罪者プロファイリングの概要を図示したものである。犯罪者プロファイリングは，図3-1に示す流れによって，捜査対象者や捜査対象エリアに優先順位をつけ，より効率的で早期の犯人検挙を目指すものである。

2. 犯罪者プロファイリングの歴史と現状

犯罪者プロファイリングを体系化したのは，米国連邦捜査局（FBI）である。当初，FBIアカデミーの捜査員らは，捜査経験に基づくアプローチを強調しつつ，性的殺人や強制性交等といった罪種において，臨床心理学の知見や犯罪者との面接調査をもとに事件の類型化を試み，類型ごとに典型的な犯人像を示すことで分析手法の体系化を目指した。しかしながら，こうした手法は，強い実証的基盤や明確な理論的枠組みが欠如しているとの批判を受けた（Alison et al., 2010; Dowden et al., 2007; Snook et al., 2008）。

英国の環境心理学者であったカンター（Canter）は，そうした批判の急先鋒であり，事件捜査の支援のために，社会科学を基盤とした分析手法を体系化すべきであるとして，「捜査心理学」を提唱し，数々の実証的研究を行った。カンターは，犯罪者プロファイリングについても，捜査心理学の枠組みの中で実証的研究を積み重ね，手法を体系化すべきであると主張した（Canter & Youngs, 2009）。

翻って，わが国においては，犯罪者プロファイリングの本格的な研究は，1990年代半ばから警察部内の心理学者によって開始された。研究が開始された当初，田村（1996）は，FBIの手法とカンターらの手法（田村はこれらを，FBI方式とリバプール方式と呼称）を詳細に比較した。そして，日本への導入可能性として，FBIの手法は，①性的殺人や強制性交等に限定されていたこと，②犯罪者への面接が日本では実施しにくいこと，③類型を導く手続きが不明確であることから日本での追試は困難であるとした。そのうえで，カンターらの手法が，罪種を限定することなく，調査データから実証的に事件項目と犯人項目との相関関係を見出す統計分析に主眼を置いており，日本における実務に適していると結論づけた。

そのような流れの中で，日本の警察において，犯罪者プロファイリングの実務が組織的に行われるようになったのは，2000年の北海道警察本部における犯罪者プロファイリングの専従班設置が最初であった。その6年後に，犯罪情報分析と犯罪者プロファイリングを所掌する部署として，警察庁に情報分析支援室が設置され，それ以降，犯罪者プロファイリングは，日本全国において犯罪情報分析の一部として広く活用されている。現在では，犯罪者プロファイリングに従事する警察職員に対して，50日間の基礎コースを含む研修コースが定期的に科学警察研究所において行われている。この研修コースでは，統計分析に比重を置きつつも，臨床心理学や環境犯罪学などの関連領域の知見を幅広く学ぶことのできるカリキュラムが実施されている。

3. 犯罪者プロファイリングにおける「行動」の捉え方

上述したように，犯罪者プロファイリングは，事件現場や被害者の供述などから推察される一連の犯罪者の犯行行動から，事件リンク分析，犯人像の推定，地理的プロファイリングの推定を行うものである。こうした推定を行ううえで，捜査心理学においては，さまざまな罪種に関して犯罪者の行動が多角的に検討されている。ここでは，特に，①犯行行動の一貫性と変遷パターン，②相同仮説，③犯行行動の合理性について検討する。

(1) 犯行行動の一貫性と変遷パターン

犯罪者プロファイリングにおいて，人間の行動がどの程度一貫するのか（しないのか），もしくはどの行動の一貫性が高いのか（低いのか），は重要な問題である。連続して発生した事件が同一犯による犯行か否かを推定する事件リンク分析は，犯罪者が，異なる事件においても一貫した行動を行うという前提に基づいている。また，犯罪者の犯行行動から犯人像を推定する作業は，犯罪者は，犯罪場面，日常場面を問わず，一貫した行動様式を示すという前提に基づいている。

結論から言えば，こうした行動の一貫性は，ある程度成立することが示されている。

特に，同一犯罪者による異なる事件間における犯行行動の一貫性については，犯行の時間帯，犯行場所，犯行対象，準備行動といった犯行前の意思決定に関わる行動において，特に認められると考えられている。たとえば，横田・渡辺（1998）は，住宅対象侵入窃盗犯の行動に関し，侵入前に意思決定される項目（移動手段，犯行地，犯行対象の建物種別など）は全体的に一貫性が高いことを示している。しかしながら，同研究では，現場の状況によって行動が制約されやすい，どこを物色するか，もしくはどのように物色するかといった行動は一貫性がより低いことも示されている。

このような状況による行動の変遷は，性犯罪などの被害者と犯罪者間のインタラクションが生じる罪種において，より生起しやすいという指摘もある（Alison et al., 2010）。たとえば，連続性犯罪において，被害者への暴力行為は性行為以外ほとんど行っていなかった犯罪者が，被害者の強い抵抗に遭い，被害者をコントロールするために被害者を強く殴打するといった場合である。

さらに，犯罪者の行動を変遷させる要因は，現場の環境や被害者とのインタラクションといった状況的な要因のみではない。基本的には，犯行初期の者では，自らの犯行スタイルが確定しないために行動は変容しやすいと考えられる。逆に，長期にわたり犯行を行っている者であれば，犯行を繰り返すことによる効率的な犯行手段の学習，犯行のエスカレーション，加齢等の個人的な要因により，犯人の行動が変遷することが考えられる（横田，2011）。

(2) 相同仮説

犯人像の推定において重要な考え方の１つに，相同仮説があげられる。これは，「類似した犯行を行う犯罪者たちは類似した特性をもつ」という仮説である（Mokros & Alison, 2002）。この仮説に基づくと，未解決事件の犯罪者は，過去に発生した類似事件の犯人像と一致した特徴を有すると仮定される。

しかしながら，相同仮説に関しては，人口統計学的特徴と犯行形態との間に単純な関連性を仮定することは困難であるとの指摘もある（Alison et al., 2002）。特に，強制性交等をはじめとする性犯罪では，被害者との相互作用の影響を受ける可能性のある犯行行動（たとえば，被害者の抵抗に対する犯罪者の反応）と，そうでない犯行行動（たとえば，犯行の時間帯）とを区別すべきであるが，それらを等価値に多変量解析に投入して犯行特徴の類型（もしくは犯行テーマ）を見出すと，類型（犯行テーマ）と犯人像との対応関係が検出されにくくなり，相同仮説を支持する結果が得られにくくなる可能性が指摘されている（平間ら，2019; Häkkänen et al., 2004）。

(3) 犯行行動の合理性

コーニッシュ（Cornish）とクラーク（Clarke）は，犯罪者を理解するための枠組みとして，合理的選択の観点を取り入れ，その後の犯罪諸科学に広範囲に及ぶ影響を与えた。彼らの提唱する合理的選択の観点においては，犯罪は基本的に合目的的であり，犯罪者は目的達成のために，合理的な意思決定を行うと仮定する（Cornish & Clarke, 2008／島田・渡辺（監訳），2010）。コーニッシュとクラークは，犯罪者の合理的選択に影響する要因として，逮捕等の「リスク」，犯行によって得られる「報酬」，犯罪に必要な「労力」を提示している（Clarke, 2008／島田・渡辺（監訳），2010; Cornish & Clarke, 2003; Cornish & Clarke, 2008

／島田・渡辺（監訳），2010）。犯罪者プロファイリングにおいて，犯行行動を検討する際にも，犯罪者の合理性の程度を検討することは非常に重要である。

たとえば，事件リンク分析と関連の深い概念に，犯罪手口（Modus Operandi）の考え方がある。犯罪手口は，犯罪者が自らの逮捕リスクを低減し，犯行の成功確率を高めるための行動であり，犯罪者が犯行を繰り返すことで，ある手口により犯行を上手く遂行できることを経験すれば，犯罪者は同一の犯罪手口を選択し，自身の得意とする手口を形成することが仮定されてきた（Hazelwood & Warren, 2016）。これは，犯罪者の犯行行動の背景に，彼らの合理的な意思決定を仮定する考え方であるとみなすことができる。

また，地理的プロファイリングでは，犯罪者の意思決定における合理性の仮定が，犯罪者の拠点推定モデルの理論的基盤の1つとなっている（Rossmo & Rombouts, 2008／島田・渡辺（監訳），2010）。そこでは，犯罪者が被害対象を探索する際，捜査の目を自宅等の拠点から遠ざけたいという願望と，犯行に際して必要な距離以上に移動したくないという願望の間に一定の緊張が生じ，多くの場合潜在意識下で，犯罪者は周期的に費用対効果の計算を行っていると考えられている。ブランティンガム夫妻（Brantingham & Brantingham, 1981）は，基本的には，拠点からの距離が離れるほど犯罪者が犯行を行う確率が低くなるという距離減衰のモデルを提示しているが，同モデルでは，犯罪者の拠点近辺（バッファーゾーン）においては顔見知りが多く，逮捕リスクが高いため，犯罪者が犯行を敢行する確率は少し離れた場所よりも低いことが仮定されている。

ただし，こうした犯罪者の合理性は，限定的であることも強調されている。すなわち，犯罪者は，環境の不確実性と，時間や情報などさまざまな制約のある状況下で犯罪を実行しなければならないため，犯罪者が最大限努力したとしても，その選択は，最適な結果というよりはむしろ，満足な結果しか生まないことが多いとされる（Cornish & Clarke, 2008／島田・渡辺（監訳），2010）。

4. 犯罪者プロファイリングの手法

犯罪者プロファイリングの分析手法は，統計分析に基づくものと事例分析に基づくものとがあり，実務における分析においては両者を融合して結論が導かれる。また，地理的プロファイリングについては，地理分析特有の手法がある。それぞれについて，概説する。

(1) 統計分析

事件リンク分析における統計分析では，多次元尺度法，多重対応分析，クラスタ分析などの手法を用いることで，どの事件が互いに類似しているのか（もしくは，していないのか）を検討する。たとえば，多次元尺度法では，データをより少ない次元に集約し，事件間の類似性に基づいて関係性を視覚化できる。具体的には，低次元（たとえば2次元）の布置図において，類似度の高い事件同士は近くに，類似度の低い事件同士は離れた場所に布置される。事件リンク分析においては，こうした事件間の関係性を図示する手法のほか，ロジスティック回帰分析を用いた手法などについても検討されている（たとえば，横田ら，2015）。

犯人像の推定における統計分析では，分析対象事件と類似した特徴をもつ解決済み事件データの特徴から，当該事件の犯人像を推定する。

たとえば，強制性交等事件の犯罪者の犯人像を推定する場合，過去に検挙された強制性交等の犯罪者特徴を検討する方法が考えられる。平成30年の警察庁の犯罪統計（警察庁，2019b）では，検挙人員全体（1,088人）のうち，犯行時の年齢が20歳代であった者が30.6%，30歳代であった者が24.4%，犯行時に無職であった者が27.7%，精神障害者もしくは疑いのある者が1.4%，再犯者が46.2%，同一罪種の前科がある者（成人）が4.5%であった。

こうした統計は，罪種別に一般的な犯人像を把握するうえで有用である。他方で，同一罪種であっても，類型別に犯人像が異なる場合には，類型に沿った犯人像の推定のほうがより有効であろう。平間ら（2019）は，潜在クラス分析により，連続強制性交等事件を分類し，①被害者就寝時侵入接近型，②屋外襲撃型，③非暴力的接近型，④被害者非就寝時侵入接近型に分類し，類型ごとに，事前準備行為や犯人の年齢層，犯罪経歴，金品目的の有無，自宅から犯行現場までの距離が異なることを示している。たとえば，年齢層については，屋外襲撃型では未成年者が17.1%であったが，他の類型ではいずれも未成年者は5%未満であった（全体では6.8%）。犯罪経歴と金品目的の有無については，被害者就寝時侵入接近型において，犯罪経歴を有する者の割合が66.7%（全体では57.0%），金品目的を有する者が33.3%（全体では14.0%）であり，最も割合が高かった。拠点から犯行地点までの距離（最小値）については，被害者就寝時侵入接近型において500m以下であった者が36.5%で最も割合が高く（全体では20.2%），非暴力接近型において2kmより遠かった者が73.8%で最も割合が高かった（全体では

52.8%)。

犯人像の推定に関する統計分析については，上述した手法のほか，ロジスティック回帰分析，決定木，ナイーブベイズ分類器やベイジアンネットワークといった手法も活用されており，今後もさらなる発展が期待される（玉木，2017)。

(2) 事例分析

事例分析による犯罪者プロファイリングでは，臨床心理学や精神医学の知見等を基盤とし，分析対象の事件を詳細に検討するとともに，犯人の日常生活における行動特徴や犯人像について推論を行う。

たとえば，強制性交等事件の犯罪者プロファイリングを実施する際の着眼点として，FBIのプロファイラーであったヘイゼルウッド（Hazelwood, 2016）は，表３－１に示す項目をあげている。一例として，犯行行動において逮捕を避けるための行為が認められる場合，①犯罪者がどこかで逮捕を避けるための行動を学習した可能性，②犯罪を繰り返すことにより自身で習得した可能性，③過去の逮捕経験で学んだ可能性が考えられるが，犯行行動より犯罪者が法科学的証拠の配慮に精通していると認められるときには，強制性交等や侵入窃盗の犯罪経歴がある可能性が高いとみなす（Hazelwood, 2016)。

また，渡邉（2016）は，対人犯罪における犯罪者の行動の選択について，

- 主に犯罪者の都合で決まる「犯行前の行動」(犯行目的，犯行場所，犯行日，犯行時間帯)
- 主に犯罪者と被害者とのインタラクションで決まる「犯行中の行動」(被害者のコントロールの仕方，暴力レベル，言動，被害者に対する（性）行動の多様性)
- 主に犯罪者の都合で決まる「犯行後の行動」(逃走のタイミング，逃走方法，犯行後の被害者への再接近)

に大別している。犯罪者プロファイリングにおいて事例分析を行う際には，犯罪者の行動について，これらの各要素を詳細に検討することとなる。

▼表3-1　ヘイゼルウッドが提示する強制性交等事件の犯罪者プロファイリングを実施する際の着眼点（Hazelwood, 2016）

・被害者が被害に遭う潜在的リスクの程度
・被害者への接触方法
・被害者のコントロール方法
・暴力の程度
・被害者の抵抗
・被害者の抵抗に対する犯罪者の反応
・犯罪者の性機能障害
・性的な行為の詳細，順序
・犯罪者の言動
・犯行中の犯罪者の態度の変容
・犯罪者の態度の変容の原因
・犯罪者による逮捕を避けるための行為（精液を残さない等）
・窃取品，強取品
・性目的以外の犯行目的

(3) 地理的プロファイリング

地理的プロファイリングのための手法は複数あるが，現在のところ，犯罪者の日常生活における活動空間において犯罪は発生するという仮定が前提になっている。この背景には，人間の活動空間は，居住・雇用・商業娯楽といった主な活動場所（ノード）とそれらを結ぶ道路網（パス）で示すことが可能であり，犯罪はこれらの場所および近傍で発生すると考える犯罪パターン理論（Brantingham & Brantingham, 1993）がある。

言い換えれば，地理的プロファイリングでは，犯罪の発生場所もしくはその近傍が犯罪者の日常生活圏であると考え，こうした日常生活圏のいずれかに，犯罪者の活動拠点（自宅，勤務先など，ある人間が日常的に訪れる地点）があると推定する。ただし，手法によって，「近傍」の捉え方が異なる。

地理的プロファイリングにおいて犯罪者の活動拠点を推定するためのシンプルな手法として，カンターとラーキン（Canter & Larkin, 1993）はサークル仮説を提唱した。これは，犯行地点のうち最も離れている二点間を結ぶ線を直径とする円内に，犯罪者の活動拠点が含まれるとする仮説である。また，三本・深田（1999）は，最小距離中心からの疑惑領域モデルを提唱している。これは，各犯行地点との距離総和が最小となる地点（最小距離中心）を中心とし，同中心と犯行地の平均距離を半径とした円内に，犯罪者の活動拠点が含まれるとするモデルである。

近年では，こうした幾何学的に描かれる領域を予測領域とする手法のほかに，犯罪者の拠点から離れるほど犯行頻度が減衰する傾向（距離減衰）を応用した確率距離法についても，検討が行われている（たとえば，萩野谷ら，2017）。確率距離法では，対象領域がメッシュに分割され，メッシュごとに犯罪者の拠点が存在する（もしくは，次回以降の犯行が発生する）確率値が出力されるため，犯人捜索範囲の優先順位を示すことが可能となる。

わが国における地理的プロファイリングの実務では，上述した手法に加えて，それぞれの犯行地点および周辺エリアの物理的環境や日常的な交通流に関する質的な分析，空間統計や犯行集中地域（ホットスポット）の検出による犯行地点分布の把握，過去の発生事件における拠点と犯行地点間距離の記述統計等を参照し，犯罪者の拠点や次回以降の犯行地エリアが推定されている（鈴木，2005; 三本，2006）。

5. 犯罪者プロファイリングの今後の課題

以上，わが国における犯罪者プロファイリングの現状を中心に，犯罪者プロファイリングについて概説した。日本の警察では，主に心理学の立場から，犯罪者プロファイリングに関連する研究が1990年代より本格的に実施され，現在では，全国警察において，犯罪捜査に大きく貢献している。

他方で，犯罪者プロファイリングは，心理学のみならず，精神医学や社会学などとの関わりが深い。また，情報工学などの知見も取り入れることで，統計モデルのさらなる高度化が可能になると考えられる。今後は，こうした近接領域との学際的な研究を推進するとともに，捜査現場のニーズを継続的に把握することで，犯罪者プロファイリングの技術のさらなる発展と，捜査へのより多角的な貢献が可能になると考えられる。

2節　ポリグラフ検査と虚偽検出

1. はじめに

犯罪捜査では捜査線上に浮上した容疑者が必ずしも真実を話すとは限らない。犯人は事件への関与を隠すために偽りの供述をする可能性もある。しかし，殺人事件で犯行現場に残された凶器に容疑者の血痕や指紋が付着していれば，容疑者が事件に関与していないと供述しても，事件への関与を判断する際に参考になる。同じように容疑者が犯人しか知り得ない事件の詳しい内容を知っていれば，その容疑者の事件への関与を判断する際に有用な情報となる。事件が発生したときにその詳細を知り得るのは，被害者・目撃者・第一発見者，そして，事件を捜査する警察だけである。通常それら一部の人を除き，事件の詳細を知り得るのは，犯人など事件に関わった人だけになる。そのため犯罪捜査では事件の詳しい内容を知らないと主張する容疑者の供述の確認，すなわち容疑者が事件の詳しい内容を知っているか否かを確認することが必要とされる。

本章では，日本の犯罪捜査の中で使われているポリグラフ検査とそれに関連する研究を紹介する。巷では「ポリグラフ検査＝嘘発見器」と誤解されているが，後述するように，ポリグラフ検査は嘘そのものを直接検出しているのではなく，記憶の検出を目的としている。誤解のないよう理解を深めていただければ幸いである。

2. ポリグラフ検査

(1) 検査の原理

心拍や発汗，脳波などの身体や脳の働きと心の働きとの関係を探る生理心理学（あるいは心理生理学）の知見を犯罪捜査に活用したものがポリグラフ検査である。ポリグラフ検査は司法システムの中で鑑定と呼ばれる位置づけで実施されている。鑑定とは，特別な知識・経験を有する者が，専らその知識・経験によって知り得る実験法則およびこの法則を具体的事実に適用して得た判断の報告と定義され，警察では都道府県警察の科学捜査研究所に属する専門職員によって実施されている。専門職員の多くは大学や大学院で心理学や行動科学を修めているほか，警察庁科学警察研究所にある法科学研修所において研修を受けている。ポリグラフ検査が日本の犯罪捜査に本格的に導入されたのは1956年からであり，現在，殺人事件，窃盗事件，違法薬物事件，ひき逃げ事件など幅広い犯罪捜査で活用され，全国で年間約5,000件実施されている（平，2011; Osugi, 2011）。

日本のポリグラフ検査は，主に隠匿情報検査（concealed information test: CIT），古くは有罪知識検査（guilty knowledge test: GKT）と呼ばれる質問法を用いて行われている。CITは，嘘そのものでなく特定の事件に関する記憶や認識の有無を調べることを目的としている（中山，2001; 財津・渋谷，2013）。検査では，事件に関連する項目（裁決項目）とその項目と概念的に同じ範疇にある事件とは無関連な複数の項目（非裁決項目）を質問形式で尋ね，各質問に対する生理反応の違いから，被検査者が特定の事件に対して記憶や認識を有しているか否かを推定している。以下の仮想事件と仮想質問表（図3-2）を例にして説明しよう。

この仮想事件では，捜査線上に浮上した重要参考人に検査を実施するとしよう。検査では，重要参考人である被検査者が凶器を知っているか否かを調べるために，質問表aを実施する。質問表aでは，実際に絞殺に使用された「ベルト」が裁決項目となり，非裁決項目は裁決項目と同じく首を絞めることのできるもの（「マフ

○月△日午前□時ころ，兵庫県神戸市のマンションの一室で首を絞められて殺害された男性の遺体が発見された。室内から凶器は発見されなかったが，司法解剖の結果から被害者はベルトで殺害されたことが推定された。

【事件に使われた凶器】

犯人によって使われた凶器は，

Q1．マフラーですか？（非裁決項目）
Q2．スカーフですか？（非裁決項目）
Q3．ネクタイですか？（非裁決項目）
Q4．ベルトですか？（裁決項目）
Q5．ストッキングですか？（非裁決項目）

質問表a

【凶器の処分方法】

犯人は事件に使った凶器を，

Q1．隠しましたか？
Q2．捨てましたか？
Q3．ゴミに出しましたか？
Q4．人に渡しましたか？
Q5．以外の方法で処分しましたか？

質問表b

▲図3-2　仮想事件と仮想質問表

CITは質問法によって，検査時点で裁決項目が特定されている内容を尋ねる裁決質問法（質問表a）と，検査時点で裁決項目が特定されていない内容を尋ねる探索質問法（質問表b）とに下位分類できる。

ラー」,「スカーフ」,「ネクタイ」,「ストッキング」)を設定する。裁決項目は捜査機関や一部の関係者しか知り得ない項目であり，事件に関わっていなければ非裁決項目との違いはわからない。しかし，真犯人など事件に関与した人は，凶器(「ベルト」)を覚えていれば，事件事実と一致するものとして裁決項目を弁別することができ，裁決項目に対し非裁決項目と異なる生理反応が生じる。CITはこの弁別的反応の有無から記憶や認識の有無を推定する。検査では，被検査者に対し簡単な返答（たとえば,「知りません」や「いいえ」など）を求めるが，被検査者が返答を行わなくても弁別的反応はみられる（Furedy & Ben-Shakhar, 1991; Verschuere et al., 2009)。つまり，弁別的反応は返答行為によるものでなく，提示された質問によって生じるものと解釈できる。通常，被検査者が既に裁決項目を知っていたり，広く報道されたりした内容は尋ねない。事件に関与していない人でも犯人と同じように裁決項目に対して弁別的反応が生じるからである。CITでは検査時点で裁決項目を特定できていない内容も探索的に尋ねることができる。質問表bのように検査時点で犯人しか知り得ない凶器の処分場所を尋ねても，被検査者が処分場所を知っていれば（事件の詳しい内容に対して記憶を有していれば)，特定の質問に対して弁別的反応が生じると考えられるからである。

(2) 刑事手続きにおける検査

ポリグラフ検査による鑑定は，質問作成段階，面接と記録測定段階，判定段階の順に沿って行われる。質問作成段階では，警察本部や警察署の捜査部門から科学捜査研究所に鑑定嘱託があると，検査担当者は被害届や被害者調書，および証拠品の鑑定結果などの関係書類を閲覧し，捜査員と打ち合わせを行う。必要なときは現場観察も行う。その後，担当者は得られた情報を検討し，嘱託事件において適切と考えられる質問表を作成する。次の面接と記録測定段階では，被検査者に対し実際に検査を行う。そこでは，検査を承諾した被検査者に対して検査目的を説明し，その人がどの程度事件について知っているか聞き取る。この面接で準備した質問表の妥当性や被検査者の心身の状態について確認を行う。その後，被検査者に生理反応を測定するためのセンサー類を装着し，トランプのカードなどを用いた模擬検査を行って検査手続きを理解させる。事件に関する質問表は模擬検査後に尋ねる。尋ねる質問表はあらかじめ被検査者に読み聞かせ，知っていたり，気になったりする項目がないか確かめる。各質問表は項目の提示順序を変えて複数回尋ねるが，その際に写真や図面を用いて尋ねることもある。実施される質問表の数は嘱託事件の内容に依存するが，4～7個程度が一般的である（小林ら，2009）。検査終了後は被検査者から検査中に気になったことなどないか内観を聴取する。最後の判定段階では，測定した生理反応の記録を視察や専用ソフトで分析し，認識の有無について推定する。認識の有無は質問表単位で推定を行っており，個々の質問表を統合して，検査対象者は犯人であるなど総合的な判定や推定は行っていない。検査結果は鑑定書等によって鑑定嘱託をした捜査部門へ回答される。ちなみに，ポリグラフ検査では特定の質問表に認識を有していないという推定結果も重要な情報となる。なぜならば，真犯人ならば当然知っていると考えられる内容を被検査者が知らないということを捜査部門に提供できれば，結果として誤認逮捕や冤罪を防ぐことにつながるからである。

ポリグラフ検査の結果は，最高裁判所において証拠能力を肯定する判例が出ている（最一小決昭和43・2・8刑集22巻2号55頁）。しかし，一般論としての証拠能力を認めるものの，提出された書面の証明力が低いと評価された判例や検査に対し批判的な法学論文もある。これらの判例や論文には，検査の運用の仕方やCIT以外の検査法の問題点を指摘するものもある。そこで，都道府県のポリグラフ検査担当者や大学研究者は学会等の研究活動を通し，学術的な評価基盤の確立も行っている。また，検査自体も新たな測定指標の追加や装置の改良が行われ，高度化が図られている。

日本のポリグラフ検査の結果の妥当性は実験研究において確認されている。模擬窃盗を行わせた実験参加者にCITを行った小川ら（2013）の研究では，判定不能となった割合が20％あったが，感度（裁決項目を記憶している対象者を正しく記憶を有している者と判定した割合）と特異度（裁決項目を記憶していない対象者を正しく記憶を有していない者と判定した割合）は各々86％と95％と報告され，高い正判定率が確認されている。

(3) 検査で測定される生理反応

ポリグラフ（polygraph）とは「複数」という意味の「poly」と「図式で表す」という意味の「graph」という言葉の組み合わせた測定装置の名称である。複数の生理反応を同時に測定することからポリグラフ検査と呼ばれている。現在，警察で実施する検査では呼吸運動，皮膚電気活動，瞬時心拍率，規準化脈波容積な

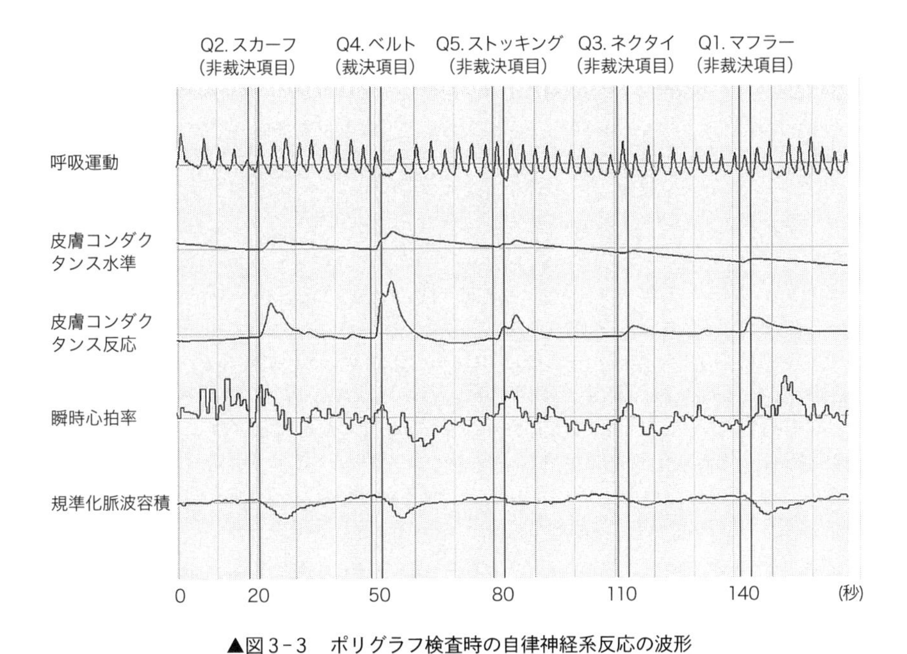

▲図3-3　ポリグラフ検査時の自律神経系反応の波形

波形では，非裁決項目と比べて裁決項目に対して皮膚コンダクタンス反応／水準が大きくなり，呼吸速度・瞬時心拍率・規準化脈波容積が低下もしくは減少を示している。

どの自律神経系反応を指標として測定している。各指標の生理学的な背景は他書を参考にされたい（堀・尾﨑，2017)。検査時の生理反応の波形（図3-3）とそれぞれの指標の説明は下記の通りである。分析は指標ごとに裁決項目と非裁決項目に対する反応を相対比較することによって行っている。

①呼吸運動

被検査者の胸部や腹部の周りにセンサーを巻き付け，呼吸運動にともなう胸腹部の動きをセンサーで捉え，指標化したものである。呼吸運動から算出される呼吸速度が有用な指標と考えられている（Timm, 1982; 小林，2017)。裁決項目を認識しているとき，非裁決項目と比べ裁決項目に対して，呼吸速度が遅くなるのが典型的な反応である。

②皮膚電気活動

手掌の2指に一対のセンサーを装着して，皮膚交感神経を介した指先の汗腺活動の変化を電気特性として指標化したものが皮膚電気活動である。現在，主に皮膚コンダクタンス反応および皮膚コンダクタンス水準を測定している。皮膚コンダクタンス反応は提示された刺激に対する一過性の反応であり，皮膚コンダクタンス水準は刺激に対する一過性のみならず，持続的な覚醒レベルの情報を含んだ反応である。裁決項目を認識しているとき，裁決項目に対して皮膚コンダクタンス反応／水準がより大きくなるのが典型的な反応である（大塚，2017）。

③瞬時心拍率

手首と足首にセンサーを装着して計測した心電図から心拍数を算出して，一拍毎の拍動間隔から逆数を求めて指標化したものが瞬時心拍率である。裁決項目を認識しているとき，非裁決項目と比べ裁決項目に対して，瞬時心拍率が減少するのが典型的な反応である（山本，2017）。

④規準化脈波容積

指先の爪付け根部にセンサーを装着し，皮膚交感神経活動にともなう血管緊張度を指標化したもので，指尖部細動脈の変化を反映する指標である。裁決項目を認識しているとき，裁決項目に対して容積値がより減少するのが典型的な反応である（廣田ら，2003）。

（4）CITの研究

CITには弁別的反応の生起機序を探る研究，反応を修飾する要因を探る研究，新たな指標や解析法を開発する研究などがある。弁別的反応がなぜ生じるかについて検討する反応生起機序の研究は，以前は定位反応（Sokolov, 1963）を説明概念とした理論（OR-theory）を中心に論じられていたが（Verschuere, Crombez, De Clercq et al., 2004），近年では裁決項目に対して選択的に注意を向ける定位の過程のみならず，定位にともなう生理的覚醒を抑制する心的過程も働き，それらが異なる指標に反映されるとする反応分離仮説（response fractionation model）も提案されている（klein Selle et al., 2017）。指標開発の研究では，中枢神経系指標である事象関連脳電位（ERPs）のP300成分や機能的磁気共鳴画像法（fMRI）の前頭前野腹外側部や前部帯状部等の脳血流量が注目されている（Matsuda et al., 2013; Nose et al., 2009）。また近年では，視線注視や自発性瞬目に関する指標も注目を集めている（Lancry-Dayan et al., 2017; Otsuka et al., 2019）。解析法の研究ではベイズ統計など新たな統計手法の適用も検討されている（Shibuya et al., 2018）。

3. ポリグラフ検査以外の記憶検出

(1) 反応時間を用いた課題

反応時間（reaction time: RT）を用いた記憶検出の課題はいくつか提案されている。ストループ課題（Stroop, 1935）を模した修正ストループ課題（Engelhard et al., 2003; Gronau et al., 2005），dot-probe課題（Verschuere, Crombez, & Koster, 2004），語彙決定課題（Locker & Pratarelli, 1997）など有効な結果が得られず報告が少ないものもあるが，反応時間を指標とした隠匿情報検査（RT-CIT）（Noordraven & Verchuere, 2013; Seymour & Fraynt, 2009）や潜在連合テストを模した自伝的潜在連合テスト（autobiographical implicit association test: aIAT, Sartori et al., 2008; Agosta et al., 2011）では，事件に関連しない項目（非関連項目）と比べ，事件に関連する項目（関連項目）に対しRTが長くなることが複数の論文で確認されている。

RTを用いた課題は，課題特性の影響を受けやすく，提示された刺激と要求された反応との間に葛藤や反応競合が生じた時（刺激－反応適合性効果が生じるとき）に項目間にRTの差が確認されることが指摘されている（Verschuere & De Houwer, 2011）。また，その差が生じる要因として反応抑制（response inhibition）の役割が示唆されている（klein Selle et al., 2016）。RT-CITを例に説明すれば，以下の通りになる。課題では実験参加者に，一定の間隔でランダムに提示した関連・非関連の両項目に対し，「その項目を知らない」とラベルづけした反応キーを押すことを求める。その際，犯人など事件内容を知っている人は事件時の記憶（関連項目）が自動的に想起されるため，関連項目に対して反応（知らないというキー押し）をしたときに，想起された記憶と実際に行った反応との間に葛藤が生じる。そこで，想起された記憶を抑制する必要が生じるため関連項目に対してRTが長くなると考えられている。その一方，関連項目を知らない人は葛藤が生じないため項目間でRTに差はみられないと考えられている。RTを指標とした課題はパソコンがあれば実施できる利点があるが，作為的な妨害工作（カウンターメジャー）によって結果が容易に歪められるという批判がある。今後，犯罪捜査へ導入するには妨害工作の検出法や対処法の開発が必要となる。

(2) 質問紙法を用いた課題

質問紙法によって事件の記憶の有無を調べる課題として強制選択テスト(forced-choice tests: FCTs) がある (Jelicic et al., 2004; Meijer et al., 2007)。FCTsは健忘を装う詐病者を見つけるための課題を犯罪捜査へ適用したものである。課題では事件に関する質問とともに事件内容と一致する項目と一致しない項目からなる選択肢を実験参加者に提示し，回答を求める（図３-４)。

たとえば,「被害者の性別は？」という質問では「男性」と「女性」という一対の選択肢を示し，実験参加者に事件内容と一致する正しい選択肢を推測して選ばせる。それぞれの質問で尋ねる内容は犯人しか知り得ない事実が選ばれるため，事件内容を知らない人は正しい選択肢は当て推量することしかできず，正しい選択肢を回答できる割合はすべての質問を通して半分程度になる（正回答率は偶然の確率の範囲に収まる)。一方，犯人は事件に関する知識があることを意図的に隠そうとして事実と一致しない選択肢を選び，結果として正しい選択肢を選ぶ割合がすべての質問を通して極端に低くなることが予測される。つまり，FCTsは

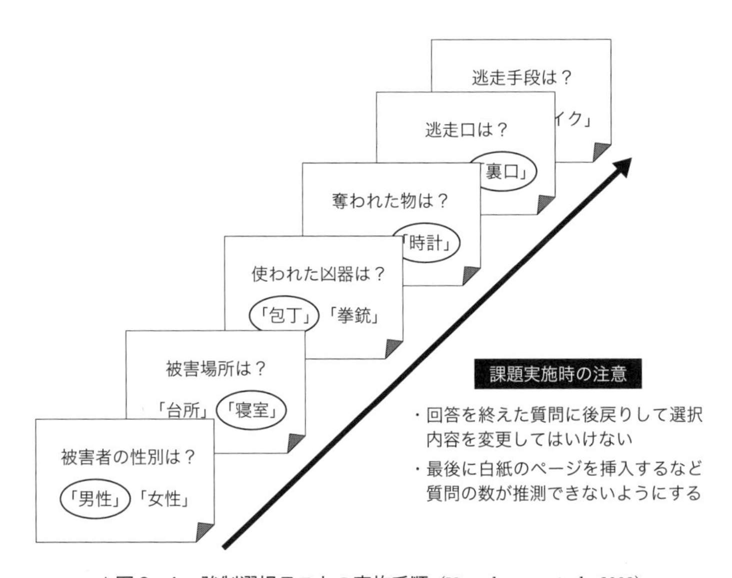

▲図３-４　強制選択テストの実施手順 (Verschuere et al., 2008)

質問は犯人しか知り得ない内容で構成し，実験参加者には質問ごとに事件内容と一致すると考えられる左右どちらかの項目を選ばせる。

事件内容と一致する選択肢への回避傾向から検査対象者が事件を知っていることを推定する課題である。

FCTsは特異度が高い一方で，感度は高くない。それぞれ95%程度と40%から60%程度と報告されている（Meijer et al., 2007）。その要因として検査原理が明らかなため結果を容易に操作できる（事件に関して無知を装うために項目選択を意図的にランダムにすることができる）ことが指摘されている（Verschuere et al., 2008）。そこで近年，選択のランダム性を防ぐためにダミー質問を追加する検討や，質問毎に正しい選択肢の配置を入れ替えて左右の項目への選択切り替え率を算出し課題妨害の試みを検出する方法も提案されている（Orthey et al., 2018）。FCTsはコンピューターを使わずに実験を行うことができる利点があり，事件に関する記憶の有無を調べるために生理指標や行動指標と異なる心的過程を手がかりとしている点も興味深い。

4. 記憶検出とは異なるアプローチによる研究

ここでは，ポリグラフ検査で行われている記憶検出とは異なるアプローチによって，事件関係者の供述の真偽の判定を目指す研究を紹介する。その1つのアプローチが言語的な手がかりに注目した研究であり，代表例として基準に基づく内容分析（criteria-based content analysis: CBCA）やリアリティ・モニタリング（reality monitoring: RM）の理論を背景とした基準がある。たとえば，CBCAの中には，論理構造（話の論理が全体として一貫しているか）を判断する基準や詳細さ（話の中に出てくる具体的な情報量）を判断する基準，あるいは構造化されていない陳述（整理されていない順序や表現による陳述）を判断する基準があり，それらはフィールド研究や実験研究で検証が行われている（Parker & Brown, 2000; Granhag & Strömwall, 2002）。また，供述の真偽を確認するためのガイドラインを提起した研究も報告されており（Vrij, Granhag et al., 2010），そこでは容疑者に戦略的な質問を尋ねたり，経験した出来事を時間的に逆の順序で説明させるなどしたりして認知的負荷（cognitive demand）を加重することによって，容疑者の供述の真偽を確認できる可能性が高まることが示唆されている（この分野については，Granhag et al., 2015／荒川ら（監訳），2017が参考になる）。そのほか，萌芽的な研究として描画の特徴や書字行動時の筆圧を手がかりとする研究も報告されている（Luria & Rosenblum, 2010; Vrij, Leal et al., 2010）。

以上に紹介した諸研究は事件関係者や容疑者が虚偽の供述をしていないか直接的に確認することを目指している。その一方，先に紹介したポリグラフ検査は記憶検出を目指すことによって，間接的に容疑者による情報の隠蔽の有無を確認できるものといえる。両者とも対象者の欺きを判断する際に役立つものであるが，犯罪捜査の文脈の中ではその位置づけは大きく異なる。これらの研究を行う際には，その違いも意識しておく必要がある。なお，日本の犯罪捜査では前者の研究はほとんど使われていないことも最後に付け加えておきたい。

5. おわりに

ポリグラフ検査に関する研究は，学生を実験参加者にして実験研究を実施できるため，卒論研究や修論研究で取り組みやすい。そのうえ，さまざまな指標や課題を用いて実験を行うことができる。また，研究テーマも記憶の特性のみならず，隠蔽の意図，感情の影響，妨害工作の影響などさまざまな観点から広げることができる。興味をもたれた方は，ぜひ関連学会（日本心理学会，日本犯罪心理学会，日本生理心理学会，日本法科学技術学会など）へ参加したり，学会誌に目を通したりして，研究を行っていただきたい。

3節　目撃証言と自白

犯罪捜査および裁判において，明らかな法科学的証拠が存在しない場合などに大きな役割を果たすのは，目撃者の証言と被疑者の自白である。本節では，目撃証言と被疑者の自白について論じる。

1. 目撃証言

心理学者は20世紀初頭から目撃者の記憶の正確性に影響する要因に関心を抱いてきた（Smith et al., 2017）。アメリカでは1990年代の半ばまでに，誤って有罪判決を受けた300名以上の人々が，新たなDNA型鑑定によって無実が証明され釈放されたが，これらの事例を検討すると，不正確な目撃証言が誤審の主な原因であったという（Loftus, 2013）。このように，適切な捜査や裁判のためにも，正確な目撃証言を得ることが非常に重要である。そのため，記憶の誤りのリスク要因を多くの心理学者が検討してきた（Smith et al., 2017）。

目撃証言では，記憶の機能が大きな役割を果たす。記憶は，記銘・保持・想起の3段階をたどる。ウェルズ（Wells, 1978）は，目撃証言の正確性に影響する要因として，推定変数（estimator variables）とシステム変数（system variables）を区別した。推定変数は，刑事司法制度によってコントロールできない変数であり，事件や被害者の特徴（たとえば，事件を目撃した時間の長さ）などである。これらは裁判で目撃証言の信頼性を推定するための要因である。一方，システム変数は刑事司法制度によってコントロールできる変数であり，事情聴取の時期や方法などが含まれる（Wells, 1978）。推定変数は，主として記銘・保持の段階に関わる要因であり，システム変数は想起の段階に関わる（Smith et al., 2017）。

（1）記銘段階

記銘段階では，観察者の注意の程度が目撃証言に影響を与える。以下では目撃証言の正確性に影響を与える代表的な要因を説明しよう。

①目撃者のストレス

目撃時のストレスと目撃記憶の正確性との関連を調べた多くの研究がある（Smith et al., 2017）。記憶とストレスの研究では，ヤーキーズ＝ドッドソンの法則（Yerkes-Dodson Law, Yerkes & Dodson, 1908）を参照しているものが多いが，これは，目撃時のストレスと記憶の関係が逆U字型のカーブになること，つまり，ストレスレベルが中程度のときに記憶成績が最もよくなるが，ストレスレベルが低いときや高いときには記憶成績が悪くなることを示している（Smith et al., 2017）。ホープら（Hope et al., 2016）は，このストレスと記憶の正確性の逆U字型のカーブを支持する結果を提示しているが，研究により結果は必ずしも一致していない。また，ストレスが高いときには，出来事の中心的な部分に注意が向くため中心的な情報はよく思い出されるが，周辺的な部分には注意が向かないため，あまり思い出せないことを示した研究もみられる（Smith et al., 2017）。

②凶器注目効果

凶器注目効果とは，凶器（拳銃やナイフなど）が存在する事件では，凶器以外の事件の詳細に関する記憶成績が下がることを指す（Fawcett et al., 2013）。この現象のメカニズムとして，凶器が存在するストレスや脅威のために目撃者の注意が狭められるとする説と，凶器が日常生活において非常にまれなものであるため，凶器に目撃者の注意が向けられるという2つの説がある（Fawcett et al., 2013;

Smith et al., 2017)。凶器注目効果をメタ分析した研究（Fawcett et al., 2013）によると，凶器注目効果は全般的に目撃証言の正確性に影響するが，目撃者の記憶の保持期間や凶器にさらされた時間，脅威のレベルによっても左右されることが示されている。

(2) 保持段階

記銘後に記憶を頭の中に維持している段階が保持段階である。保持段階でも以下のような要因が記憶の正確性に影響する。

①忘却（遅延）

事件発生時から目撃者が事情聴取を受けるまでの期間が長くなればなるほど，出来事の詳細が忘れられてしまう。事件発生直後は，目撃者の記憶痕跡が強くアクセスしやすいために，目撃者の記憶報告の正確性は特に高いが，記憶した情報は急速に忘却され，その後はゆっくりと記憶の減少が進むことが示されている（古典的な記憶研究として，エビングハウスの忘却曲線（Ebbinghaus, 1885）が有名）。したがって，できるだけ事件が起きた直後に，目撃者に事情聴取をすることが記憶の質と量を維持するために重要である。

②事後情報効果

事後情報効果とは，目撃した出来事の後に誤誘導するような事後の情報に目撃者がさらされると，目撃者の記憶が汚染され，記憶の正確性が減少してしまう可能性が高くなるという現象である（Chrobak & Zaragoza, 2013)。古典的な研究としてロフタスら（Loftus et al., 1978）の研究があげられる。ロフタスらの研究では，半分の参加者は，一時停止の標識（stop sign）のそばで起こった自動車と歩行者の事故を描いた一連のスライドを見て，残りの半分の参加者は，前方優先道路の標識（yield sign）のそばの自動車事故を見た。その後，参加者は事故に関する20の質問に回答したが，実験群の参加者は事故現場の標識を誤誘導する質問（「たとえば，一時停止の標識を見た参加者に対しては赤いダットサンが前方優先道路の標識で停車しているとき，別の車が追い越しましたか？」との質問）に回答した。統制群の参加者は，誤誘導の情報にはさらされなかった。実験の最終段階で，参加者は，道路標識に関する二肢選択式の強制質問（一時停止標識と前方優先道路の標識）に回答したが，統制群の参加者の75%がスライドで見た正しい標識を選択したのに対し，実験群の参加者（つまり誤誘導された参加者）の

41％のみがスライドで見た標識を正しく選択した。このように誤情報にさらされることによって，後の記憶テストの成績が下がることが示された（Loftus et al., 1978）。

なぜ事後情報効果が起きるかについては諸説ある。たとえば，①さらされた誤情報によって出来事のもとの記憶が上書きされてしまうとする説や，②もとの記憶を損なうわけではなく，もともと見た情報を記憶できなかった参加者が誘導された項目をテストで報告する，つまり記憶のギャップを埋めるために誤情報を利用するという説，③ソースモニタリングの誤り――つまり，記憶の情報源を区別することができず，誤誘導された情報を実際見た出来事として誤って帰属してしまう――とする説などである（Smith, et al., 2017; Chrobak & Zaragoza, 2013）。

この事後情報効果の別の例として記憶の同調がある。記憶の同調とは，同じ出来事を目撃した人同士が話合うことによって，他の目撃者から得られた情報を自身の記憶の中に取り込み，個々人の記憶の報告が似てくるという現象である。この現象は，上記の事後情報効果に影響する認知的要因に加え，社会的な要因が加わる。特に，目撃者が知り合い同士の場合には，見知らぬ者同士の場合よりも記憶の同調が生じやすいことが指摘されている（Gabbert & Hope, 2013）。

(3) 想起の段階

想起の段階は，保持していた記憶にアクセスする段階であり，司法の文脈では，目撃者が警察官等に目撃した出来事を報告する段階である。

①質問方法

質問方法は回答の正確性に大きく影響を与える。研究者により質問方法の分類は異なるが，ここでは①自由再生質問，②焦点化質問，③選択式質問，④はい・いいえ質問，⑤誘導質問の５種類の分類で説明しよう（和智，2016）。これは回答の自由度が高い順であり，誘導性の低い質問の順でもある（自由再生質問・焦点化質問はオープン質問，それ以外はクローズド質問とも呼ばれる）。自由再生質問（「……について話してください」「……について説明してください」などの質問）は，目撃者に覚えている情報を自由に話してもらう質問方法であり，誘導の影響を減らしたうえで目撃者から正確な情報を得ることができる。焦点化質問（「誰ですか？」「どこですか？」「いつですか？」のような5W1H型の質問）は，自由再生質問よりは目撃者の回答を限定する質問方法といえるが，目撃者が供述した内容についてさらに詳細な情報を得る際に有効である。選択式質問（「犯人の車の色は，黒でしたか，白でしたか，それともほかの色でしたか？」など複数の選択肢から１つの回答を選ぶ質問）や，はい・いいえ質問（「犯人は男性でしたか？」のように，「はい」または「いいえ」で回答する質問）は，回答の自由度が低く，目撃者から新たな情報が出てこない可能性があり，回答を誘導してしまうリスクもあるため，これらの質問方法の利用には注意が必要である。

誘導質問は，取調べ官が期待している回答に目撃者を誘導する質問である。たとえば，「犯人の服の色は黒色でしたよね？」というような質問が当てはまる。また，取調べ官が利用する言葉が回答を誘導する場合もある。ロフタスとパーマー（Loftus & Palmer, 1974）の有名な実験では，面接者の誘導質問がどのように回答に影響するかを明らかにした。第１実験では，参加者は自動車事故の映像を見せられた後，車のスピードについての質問に回答した。その際，５群に分けられた。ある群の参加者は，「車が激突した（smashed）とき，どのくらいの速さで走っていましたか？」と尋ねられ，別の群の参加者は，「激突した」の代わりに，「衝突した（collided）」「ぶつかった（bumped）」「当たった（hit）」「接触した（contacted）」という表現のいずれかで質問された。その結果，参加者が予測する車の速度は，「激突した」という表現で尋ねられた群の場合に最も速く，「接触した」という表現で尋ねられた群の参加者の予測速度は最も遅かった。第２実験では，参加者に第１実験と同じ質問をしたが，その際には，「激突した（smashed）」と「当たった（hit）」という２種類の表現のみ利用した。１週間後，参加者に「ガラスが割れるのを見ましたか？」という質問を尋ねた。その結果，「激突した」という表現で尋ねられた参加者の方が，映像には割れたガラスが描写されていなかったにもかかわらず，「はい」と回答する傾向が高かった（Loftus & Palmer, 1974）。このように質問方法により出来事のもとの記憶に影響することが示唆されている。

②想起を高める方法

想起を高めるための単純な方法として，目撃者に面接中に目を閉じてもらうと記憶報告の質及び量が改善されることが示されている。これは，目を閉じることによって認知的負荷が減り記憶喚起に集中できること，また，目撃した出来事を視覚化することが容易にできることという２つの説から説明できる（Vredeveldt et al., 2011）。

さらに，目撃者や被害者から正確な情報をできるだけ多く得るために開発された認知面接がある。下記ではこの認知面接について説明しよう。

(4) 認知面接

認知面接（cognitive interview）は，アメリカの認知心理学者によって1980年代に開発された面接手法であり，元来の目的は，警察の取調べ方法を改善し，記憶や認知に関する研究から得られた知見を利用して，協力的な目撃者から詳細な情報を得られるようにすることであった（La Rooy et al., 2013）。認知面接は，符号化特定性原理（encoding specificity principle，記銘時と想起時の文脈が類似しているほど，記憶が想起されやすい）と，記憶の多重痕跡説（multicomponent view of a memory trace，記憶痕跡は複雑であるため，多数の手がかりがあれば記憶を想起しやすい）という２つの理論をもとにしている（Geiselman et al., 1984）。オリジナル版認知面接（Geiselman et al.,1984）では，４つの記憶方略を提示している。第１に，文脈を心的に再現すること，つまり，事件が起こった時の物理的及び個人的文脈を心の中で再構築するよう被面接者を励ますこと。第２に，情報が部分的なものであったり不完全であったりしても，思い出したことすべてを報告するように教示すること。第３に，異なる時系列で（たとえば事件の最初から，あるいは終わりから，または特定の時点から）事件を思い出すこと。第４に，目撃者が多様な視点から（たとえば他の人の視点から）事件を思い出すように教示すること。その後，1992年にフィッシャーとガイゼルマンは，強化版認知面接（enhanced cognitive interview: ECI）を発表した（Fisher & Geiselman, 1992／宮田（監訳），2012）。ECIでは，目撃者の認知過程に加え，面接のダイナミクスに影響を与える社会的要因を考慮し，目撃者とラポール[*1]を形成し，効果的に目撃者とコミュニケーションをとることが重視されており，目撃者中心の手続きを取ったことが主な特徴である（Memon et al., 2010）。

メモンら（Memon et al., 2010）によれば，1980年代や90年代初頭では，オリジナル版認知面接や強化版認知面接の研究が多かったが，2000年頃より，修正版認知面接（modified cognitive interview: MCI）と呼ばれる認知面接の研究が増

＊1　ラポールはもともと臨床心理学における用語であるが，事情聴取や取調べにおけるラポールの定義は明確に定まっているわけではなく，研究者によって異なる。たとえば，取調べ官と被面接者との間の共感や調和，親しみやすい気分が安らぐ雰囲気，互いに敬意を示す関係などである（Mac Giolla & Granhag, 2017）。いずれにしても，取調べ官と被面接者の間の共感や信頼関係などの肯定的な雰囲気や関係を示している。

加してきた。MCIとは，子どもや高齢者，知的障害者などの脆弱な目撃者に適するように変更した認知面接や，順序の変更や視点変更の手法を用いない短縮版認知面接など，さまざまな形の認知面接が含まれている（Memon et al., 2010）。メモンら（Memon et al., 2010）は，過去25年間に実施された認知面接に関する46の研究論文をメタ分析し，その効果を検討した。全般的に，認知面接を受けた参加者は，比較対照の面接（研究によって異なるが，通常の面接手法や，国のガイドラインで推奨されている構造化された面接など）を受けた参加者よりも，正確な情報をより多く報告していたが不正確な情報の報告もやや増加するという結果になった。（Memon et al,, 2010）。これは，目撃者がより多くの情報を提供することになった結果，誤情報の報告数が増えたと考えられ，認知面接における正しい情報の割合は，比較された他の面接と変わりがなく，認知面接は目撃者の正確で詳細な情報の報告を促進するというかなりの証拠があるといえる（La Rooy et al., 2013）。ただし，メタ分析の結果，修正版認知面接は，オリジナル版認知面接よりも，多くの不正確な情報を報告する傾向があった（Memon et al,, 2010）ため，認知面接の種類によっては報告された情報の正確性に違いがみられる可能性も考えられる。

認知面接は警察実務においても利用されており，イングランドおよびウェールズ，カナダ，ニュージーランドにおいて，警察官に対するガイドラインに組み込まれている（La Rooy et al., 2013）。

その後，事件後にできるだけ早く多くの目撃者から正確な情報を得ることを目的として，自己記述式面接（self-administered interview: SAI）と呼ばれる冊子版の面接プロトコルが開発された（Gabbert et al., 2009）。SAIは，目撃者が直接事情聴取を受けるのではなく，記憶した情報を自ら冊子に書きこむ形式となっている。SAIでは認知面接の文脈の心的再現と悉皆報告（思い出したことをすべて報告する）の手法を利用し，事件現場のスケッチも目撃者に描いてもらう。SAIは，対面式の認知面接と同様に，正確な情報を得られることが示されている（Gabbert et al., 2009）。SAIを利用することで，警察はできるだけ早く複数の目撃者から正確な情報を得ることができ，さらに対面で事情聴取をする目撃者の優先順位づけを行うことも可能となる。

このように，目撃者の記憶は，記銘・保持・想起の段階でさまざまな影響を受ける。このように影響されやすい記憶の特徴に留意しながら，取調べ官は認知面接などの手法を用いて事情聴取を行い，裁判では目撃証言の正確性を判断することが重要といえる。

2. 被疑者の自白

被疑者の自白は，事件の真実を明らかにするために重要な役割を果たす。特に，裁判員制度の開始および裁判員裁判に係る警察の取調べの録音・録画の義務化により，国民が適正とみなす取調べ手法を実施し，誘導せずに被疑者の供述を得ていくことがさらに重要になるといえよう。

(1) 取調べ手法と自白

取調べ手法は，世界的には大きく「弾劾的な（accusatorial）取調べ」と「情報収集型の（information-gathering）取調べ」の２種類に分けられる（Mac Giolla & Granhag, 2017; Meissner et al., 2014）。この２つの特徴を論じたメイスナーら（Meissner et al., 2014）によれば，両者の特徴は５領域で異なっている。第１に，弾劾的な取調べでは，取調べ官が主導権を握ろうとするのに対し，情報収集型の取調べではラポールを確立しようとする。第２に，前者は被疑者を心理的に操作しようとするのに対し，後者は，直接的に対立する。第３に，質問方法も異なり，弾劾的な取調べでは，クローズド質問を多用し，確認的な質問方法を行うが，情報収集的な取調べではオープン質問を多用し，探索的な質問をする。第４に，両者では取調べの目的も異なり，弾劾的な取調べの主目的は自白を得ることであるが，情報収集型の取調べの主目的は情報を引き出すことである。第５に，この２つの手法では被疑者の虚偽を検出する手法においても異なり，弾劾的な取調べでは，虚偽の手がかりとして被疑者の不安を高める手法を用いるが，情報収集型の取調べでは，被疑者の認知的負荷を高めることで虚偽を検出する（Meissner et al., 2014）。

弾劾的な取調べ手法として代表的なものは，1940年代から50年代にわたりアメリカで開発されたリード（Reid）テクニックと呼ばれる手法である（Mac Giolla & Granhag, 2017）。リードテクニックは北米で影響力のある手法であり，リードテクニックの手法を詳述した『取調べと自白（*Criminal interrogation and confessions*）』は現在までに第５版が刊行されている（Inbau et al., 2013）。リードテクニックでは，面接（interview）と尋問（interrogation）の２段階を経ることが特徴的である。第一段階の面接では，取調べ官は対決的ではない，中立的な態度で被疑者に接し，行動分析面接と呼ばれる質問をして被疑者の言語的・非言語的反応に基づいて，被疑者が本当に犯罪を行ったかどうかを判断する。有罪が疑う余地がない，あるいはかなり確かだと判断された者のみ第二段階の尋問に進む。尋問では，取調べ官は対決的な態度をとり，被疑者の抵抗を崩し，自白をするように説得を試みる。具体的には下記の９段階のステップを踏む。

①直接的な対決
②テーマの発展
③否認を扱う
④反論を克服する
⑤被疑者の注意の獲得と維持
⑥被疑者の受け身の気分を扱う
⑦別の選択肢を提示する
⑧被疑者に犯罪の詳細を言葉で述べさせる
⑨口頭の自白を書面にする。

これらの内容の詳細については，インボーら（Inbau et al., 2013）または第３版の翻訳『自白―真実への尋問テクニック―』（小中・渡部，1990）を参照してほしい。リードテクニックに対しては，無実の被疑者を虚偽自白に導くリスクが高い（Gudjonsson, 2018）という批判や，この手法で前提としている被疑者が有罪かどうかを見抜く言語的・非言語的手がかりが科学的に信頼できない（Vrij, 2008）など，心理学者から多くの批判がある。

対照的に，情報収集型の取調べとして代表的なものは，イギリスのPEACEモデルと呼ばれる取調べ手法である。イングランドおよびウェールズ[＊2]では，虚偽自白による誤審の事例が多発したことにより，警察への批判が高まったことを受け，1984年警察及び刑事証拠法（Police and Criminal Evidence Act 1984: PACE）が制定された（Bull, 2018）。これにより，被疑者の取調べの録音が義務化される

＊２　イギリス（the United Kingdom of Great Britain and Northern Ireland）の司法制度は，イングランドおよびウェールズ，スコットランド，北アイルランドの３地域で異なっており（松井，2011），本章ではイングランドおよびウェールズの司法制度について言及している。

など，被疑者の勾留や処遇について重大な変化が起こり（Griffiths & Milne, 2006），1992年にはPEACEモデルという新しい取調べ手法のモデルが導入されることとなった（Meissner et al., 2014）。PEACEとはPlanning & Preparation（P：計画と準備），Engage & Explain（E：関与と説明），Account（A：供述，後にClarification（明確化）& Challenge（挑戦）も含まれる），Closure（C：終結），Evaluation（E：評価）の頭文字をとったものである。P段階は取調べ前の準備段階であり，取調べの目的を明確にし，手持ちの証拠を分析する。E段階から実際の取調べが始まるが，この段階では，ラポールを構築し，取調べの目的を被面接者に説明する。A段階では，オープン質問を用い，探索的な質問を行い，被面接者の供述を得るが，特に認知面接（上記参照）と会話の管理（conversation management，Shepherd & Griffiths, 2013参照）と呼ばれる２つの心理学的手法が利用される。認知面接は協力的な被疑者・参考人から供述を得るために利用され，会話の管理は協力的ではない被疑者に対して利用される。C段階は終結段階であるが，取調べ官が取調べの主要な内容を要約し，被面接者にその内容を訂正したり，情報を追加したりする機会を与える。E段階は，取調べ後の段階であり，面接で集めた情報をレビューし，取調べの質や内容を評価する（Gudjonsson, 2003; Mac Giolla & Granhag, 2017）。PEACEモデルでは，被疑者に敬意をもって接し，ラポールを構築し維持すること，オープン質問を利用し誘導質問を避けることの重要性が強調されている（Mac Giolla & Granhag, 2017）。イングランドおよびウェールズがPEACEモデルを採用して以来，オーストラリアやニュージーランド，ノルウェー，スコットランドなどの国が，情報収集型の取調べを採用してきている（Mac Giolla & Granhag, 2017）。

メイスナーら（Meisnner et al., 2014）は，実際の取調べを観察したフィールド研究（５研究）と実験研究（12研究）のメタ分析を行い，弾劾的な取調べと情報収集型の取調べの自白獲得への影響を調査した。フィールド研究をメタ分析した結果，弾劾的な取調べ，情報収集型の取調べ共に自白を得るのに効果的であることが示された。ただし，フィールド研究では，得られた自白が真実か虚偽かを区別することは難しい。一方，実験研究ではそれが可能である。実験研究をメタ分析した結果，両者の手法は有罪の参加者から真実の自白を得る可能性を増大したが，弾劾的な取調べでは無実の参加者から虚偽の自白を獲得する可能性も増えた。一方，情報収集型の取調べではそのような傾向はみられなかった。このように，情報収集型の取調べは，真実の自白を得る可能性が増すが虚偽自白を得る危険性は低いため，より好ましい手法といえる（Meissner et al., 2014）。

このように，弾劾的な取調べと情報収集型の取調べについて描写してきたが，すべての国の取調べを二分することはむずかしいであろう。日本の取調べに関する状況は近年大きく変化しており，日本の警察実務では，PEACEモデルや認知面接，日本で実施した研究などの知見を取り入れた取調べマニュアルの作成や研修を実施している（詳細は，和智，印刷中; Wachi & Watanabe, 2015参照）。

(2) 虚偽自白

虚偽自白とは，自身が行っていない犯罪について，（部分的または完全に）警察に罪を認めたり，自らの責任をとる供述をしたりすることと定義される（Redlich, 2010）。虚偽自白による誤審は，取調べ実務に関する司法制度の改革を導いてきた（たとえばイングランドおよびウェールズにおけるPACE法）といえるものであり，また，虚偽自白というテーマは被疑者取調べに関する実証研究を推進してきたといえる（Mac Giolla & Granhag, 2017）。

虚偽自白の分類として，カッシンとライツマン（Kassin & Wrightsman, 1985）による3分類（①自発型（voluntary）虚偽自白，②強制－追従型（coerced-compliant）虚偽自白，③強制－内面化型（coerced-internalized）虚偽自白）が有名である。自発型虚偽自白は，無実の被疑者が外的な圧力や警察の影響などがないにもかかわらず，自ら進んで自白することであり，真犯人をかばいたいという思いなどから虚偽自白がなされる。強制－追従型虚偽自白は，高圧的な取調べなど警察からの圧力に屈して虚偽自白するもので，自白により得られる利益（たとえば釈放など）を期待して行われる。ただし，被疑者本人は自分が罪を犯していないと認識している。一方，強制－内面化型虚偽自白は，無実の被疑者が誘導的な取調べなどにより自らが罪を犯したと信じるようになり，虚偽自白するものである。このタイプの虚偽自白者は，自らの行動の記憶を書き換えてしまい，時間が経過しても虚偽自白は維持される（Kassin & Wrightsman, 1985）。

虚偽自白に導く要因として，個人的な要因と状況的な要因が考えられる。個人的要因として，年齢の低さ，認知能力（IQ，記憶能力），性格（被誘導性，迎合性など），身体的・精神的な問題（精神病性障害，不安や抑うつなど），神経発達症（知的能力障害，自閉スペクトラム症，注意欠如・多動症など），トラウマになるような出来事の経験（性的虐待やいじめなど），素行症や反社会性パーソナリティ障害，違法薬物の経験などがあげられ，状況的な要因として，被疑者・被害者関係，取調べや勾留の長さ，取調べ手法，勾留時や取調べ時のサポートの欠如（たとえば弁護士の不在）などがあげられる（Gudjonsson, 2018）。

偽の証拠の提示に関しては，無実の被疑者を虚偽自白に導く大きな要因であることが過去の心理学実験よりさかんに示されている。アメリカの研究者カッシンとキーチェル（Kassin & Kiechel, 1996）が実施した虚偽自白に関する古典的なだましの実験を紹介しよう。彼らは，コンピューターを利用した刺激に対する反応時間の実験に参加していると思っている参加者75名に，コンピューターのキーに触れるとコンピューターが壊れすべての研究データが失われるので，キーに触れないようにと最初に警告した。実験に入って60秒後，コンピューターが壊れ，参加者は実験者から非難された。ただし，実際には参加者は誰もコンピューターに触れておらず，コンピューターが壊れたのは実験者が準備していたことだった。その後，参加者がキーに触れたのを見たとサクラが証言する群（偽の目撃証言を提示する群）と，見たと証言しない群（偽の目撃証言を提示しない群）に参加者を分け，偽の目撃証言の影響を分析した。その結果，偽の目撃証言を提示することは，参加者が自白する傾向を高め，さらに参加者がコンピューターが壊れたのは自らのせいだと罪を内面化する傾向を有意に高めた（Kassin & Kiechel, 1996）。このように虚偽の目撃証言を示されることによって，無実の人が自白してしまい，さらにはその罪を内面化までしてしまうことが実験研究より示された。この研究パラダイムを用いて多くの虚偽自白に関する実験が行われた（たとえば Horselenberg et al, 2003; Klaver et al., 2008）が，近年ではより生態学的妥当性の高い実験パラダイム（Russano et al., 2005）が提案され，日本でもこの実験の修正パラダイムを用いた研究が行われている（Wachi et al., 2018）。

3. まとめ

本節では，目撃証言と被疑者の自白について，先行研究をもとに議論してきた。被面接者から証言を得るという点では，目撃者に対する事情聴取・被疑者に対する取調べにおいて共通する特徴がある。たとえば，目撃者に対する認知面接や被疑者に対する情報収集型の取調べでは，ラポールを強調し，被面接者中心で進め，発問方法もオープン質問を多用し，誘導質問を避けることを推奨している。また，被疑者も事件の目撃者であるという点では，目撃者の記憶の特徴は当てはまり，PEACEモデルでは協力的な被疑者へ認知面接を利用している。

このように面接対象者が目撃者・被疑者にかかわらず，本節で論じた記憶の特徴や面接手法を認識し，捜査や裁判に生かしていくことが重要である。また，目撃証言については多くの実証的な研究がなされてきたが，今後増えていくであろう高齢の目撃者や障害のある目撃者などの研究はいまだ十分とはいえず，被疑者取調べに関しては，日本ではあまり実証的な研究は実施されてこなかった。今後も日本の研究者たちがこの分野の研究を継続し，実務に貢献することが重要であろう。

4節　少年鑑別所における心理アセスメント

1. 少年鑑別所とは

少年鑑別所は，①鑑別，②観護処遇，③地域援助を行うことを主な業務とした，法務省所管の施設である。1949（昭和24）年の少年法及び少年院法施行により発足し，現在は，2015（平成27）年に施行された少年鑑別所法に基づいて業務を遂行しており，2020（令和２）年４月１日現在，全国に52庁（支所を含む）設置されている。

少年鑑別所では，勤務している職員として，主に心理学を専門とした法務技官（心理技官）と，教育学等を専門にした法務教官等が配置されている。上述した３つの業務のうち，心理アセスメントとしての位置づけが大きいのが，①の鑑別であり，ここでは，鑑別を中心に心理アセスメントの実情を説明することとする。

2. 鑑別とは

(1) 鑑別の種類

鑑別とは，家庭裁判所等の関係機関からの求めに応じて，対象者が非行に至った要因や背景について分析，明らかにしたうえで，再非行防止のために必要な処遇方針を示すことである。鑑別には，いくつか種類があり，主には，審判の処分決定に資することを目的に，家庭裁判所の求めに応じて行う「審判鑑別」と，審判の処分決定後に，その後の処遇経過を踏まえた課題の分析，今後の処遇方針の策定に資することを目的に，少年院や保護観察所等の関係機関の求めに応じて行う「処遇鑑別」に大別される。さらに審判鑑別については，「観護措置」という家庭裁判所の決定により少年鑑別所に収容されている者に対して行う「収容審判鑑別」と，在宅で事件が家庭裁判所に係属している（すなわち，少年鑑別所に収容されない）者に対して行う「在宅審判鑑別」の２つがある。いずれの鑑別も，対象者に対して心理アセスメントを行っているという点では共通であるが，実施方法や内容等には多少相違があることから，以降は，鑑別の中で最も実施件数が多く，中核業務となっている収容審判鑑別（以下「鑑別」という）の内容について詳細に説明する。

(2) 鑑別の対象者

まずは鑑別の対象者がどのような司法手続を経て少年鑑別所に入所するのかについて，少年鑑別所に入所する事由として最も多くの比率を占めている「観護措置」の事例で説明する。一般的には，非行少年が事件を起こすと，14歳未満で一定の要件に該当するものを除き，警察による捜査や調査等を経て，すべての事件が家庭裁判所に送致されることになっており，事件が送られてきた家庭裁判所では，その少年にどのような処遇等，処分を行うことが再非行を防止するうえで最も適切であるかを検討し，審判を行うか否か，審判を行った場合にはその処分をどうするかなどについて決定する。そこで，たとえば，家庭裁判所に係属するのが初めてであり，事案が軽微な場合は，家庭裁判所において調査等は行うものの，少年鑑別所に収容されることなく，審判不開始や不処分で終局することが多いが，非行を繰り返していたり，事案の内容が重大であったりで，本人の資質上の問題を精査する必要があると考えられる場合は，審判までの間，精密な心身の鑑別を行う必要があるとして，観護措置により少年鑑別所に身柄が送られることがあり，この少年が鑑別の対象者になる。観護措置で収容されている期間は通常４週間以内であるが，一定の要件がある場合は家庭裁判所の決定で最長８週間までとなる。なお，非行少年の処遇の概要の詳細については，令和元年版犯罪白書（法務省法務総合研究所，2019）を参考にされたい。

(3) 鑑別の流れ

鑑別は，主には，対象者との面接（鑑別面接），心理検査，行動観察，医学的

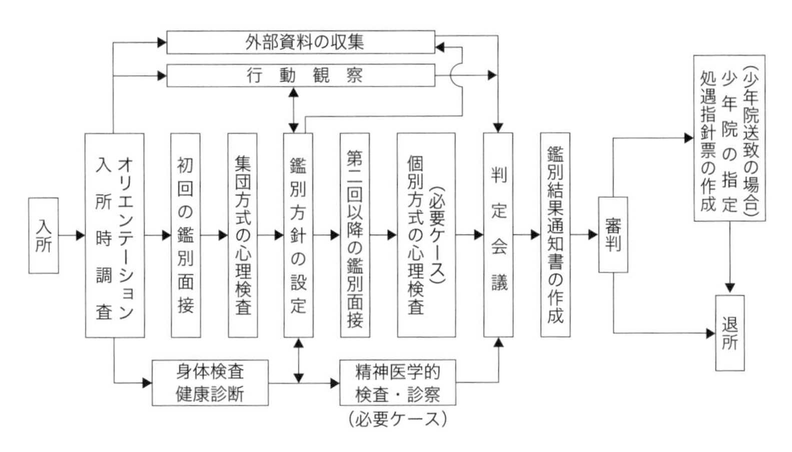

▲図３－５　少年鑑別所における収容審判鑑別の流れ（法務省法務総合研究所，2019）

検査や診察，関係機関等からの資料・情報収集，家庭裁判所調査官との事例検討等，多種多様な方法を組み合わせて実施している。

鑑別の標準的な流れは，図３－５のとおりである。心理技官は，主に面接や心理検査を担当し，法務教官が主に行動観察を担当しているほか，医師が身体検査や精神医学的検査等を担っており，各職員が連携しながら鑑別を進めることになる。鑑別において得られたさまざまな情報を分析，集約したうえで，関係職員が集まる判定会議において協議し，保護観察等の社会内処遇，少年院や児童自立支援施設送致等の施設内処遇等，対象者の再非行防止や立ち直りに有効かつ適切な処遇に関する判定を行うことになる。また，判定の結果に基づいて，対象者の資質の特徴，非行要因，改善更生のための処遇指針等を盛り込んだ「鑑別結果通知書」という書面を作成し，審判の数日前に家庭裁判所に送付し，審判の資料として活用されることになる。

以下，鑑別の中核となる面接，心理検査，リスク・ニーズアセスメント，行動観察を中心に，内容を詳しくみていく。

(4) 面接

対象者が少年鑑別所に入所すると，原則として当日に，非行の概要や心身の状態等に関する家庭裁判所や警察等からの情報収集のほか，現在の心情や健康状態，最近の生活状況等についての簡易な面接や行動観察等を主に法務教官が実施し，対象者の非行，性格や家庭環境等の概要を把握する。これを受けて，対象者ごとに鑑別担当者が指名され，その後できる限り早い時期に初回面接，いわゆるインテーク面接が実施される。

2回目以降は，初回面接や，後述する集団方式の心理検査の結果等を踏まえ，今後特に詳細に調査するべき内容や個別方式の心理検査の種類，精神科診察の要否等について鑑別方針を設定する。そして，家族関係，生育歴，交友関係，過去の非行歴，本件の動機や心理状態，被害者等への気持ち，今後の生活等，多岐な話題について，時間をかけて対象者の話を聞いていく。鑑別担当者は，適宜対象者が語る内容を要約するなどして言葉を返し，対象者の内面を理解できているかを確認したり，情報を整理したりする。このプロセスを経る中で，対象者自身も自己理解を進めていき，より深い内面にある心情を表出させていくことになる。こういった意味で，近藤（2013）は，鑑別面接は，情報収集を目的とした調査面接として位置づけられるが，対象者を内省へと導き，自己洞察を深めさせるための治療的面接の意味合いもあると指摘している。

こうした面接を繰り返す中で，対象者の非行に至った背景や要因，性格の理解等に関わる見立てを検証・修正していく。面接の回数については，一律に決まっているわけではなく，対象者の特性等によって変わってくるが，インテーク面接を含め，3回から5回程度が一般的である。

鑑別面接の特徴の1つとして，対象者が自らの意思で少年鑑別所に入所したわけではないという特殊性があるため，鑑別面接を受けることへの動機づけが低い対象者が少なくないことがあげられる。そのため，特に初回面接においては，オリエンテーションを丁寧に行い，鑑別面接の目的や意義を理解させ，対象者の心情安定や鑑別に向けての動機づけを図ることに重点を置いている。また，対象者から語られる非行等に関する内容については対象者が認識した主観的事実として把握することが適当であり，非行やそれまでの出来事等について客観的事実をある程度押さえたうえで，それらに対する対象者の主観的な認識や感情の動き等に焦点を当てながら鑑別面接を進めていくことが必要とされている（石毛，2004）。

(5) 心理検査

鑑別において実施している心理検査には，大きく分けて集団方式の心理検査と個別方式の心理検査がある。集団方式の心理検査は，原則として入所した対象者全員に実施するものであり，集団式知能検査（TK式3B　田中B式知能検査）のほか，対象者の人格特性等を測定するための法務省式人格目録（ministry of justice personality inventory: MJPI），対象者の社会的態度や価値観等を測定するための法務省式態度検査（ministry of justice attitude test: MJAT），対象者の思考や情緒の特徴，対人態度等を概括的に把握するための法務省式文章完成法（ministry of justice sentence completion test: MJSCT），対象者の伸長すべき長所や強みに関する本人の認識を測定するための法務省式適応資源尺度（ministry of justice adjustment resources scale: MJAR）等が実施されている。これらは，法務省が非行少年の特徴を把握できるような尺度構成や検査作成上の工夫をして独自に開発した（石毛，2004）もので，法務省式人格目録，法務省式態度検査等については，妥当性尺度が設けられており，対象者が社会的望ましさを意識して回答したり，反応をねじ曲げたりしていないかどうかを把握することができるようになっている。なお，法務省式人格目録の尺度構成については，表3－2のとおりである。

他方，個別方式の心理検査については，たとえば，集団式知能検査の結果で知的障害や，知的能力の発達の偏りが疑われるなどの場合は，ウェクスラー式知能検査やK-ABC心理・教育アセスメントバッテリー等の個別式知能検査が比較的多く実施されている。また，性格検査として，質問紙法の東大式エゴグラム（TEG）等のほか，対象者の内面を深く理解するために，ロールシャッハテスト，絵画統覚検査（TAT），バウムテスト，家・木・人の描画テスト等の投影法検査が必要に応じて実施されている。

心理検査の実施の際は，対象者を多面的に理解するために，検査の目的，対象者の年齢・動機づけ，鑑別担当者の検査に対する習熟度等を考慮しつつ，テスト・バッテリーとして，各種の検査を複数組み合わせて実施している。また，解釈を行う際は，対象者が審判前で多かれ少なかれ処分に対する不安を抱えており，たとえば，社会的に望ましい方向で回答するなど，社会一般で検査を受けた場合と結果が異なる可能性があることを考慮することも大切である。

(6) リスク・ニーズアセスメント

近年，再犯・再非行防止に効果的な処遇を行ううえでは，リスク原則，ニーズ

▼表3-2　法務省人格目録（MJPI）尺度の構成（法務省矯正研修所，2020から一部改変）

妥当性尺度	虚　構	検査の結果を過度に良く見せようとし，そのために実行不可能なことでも行うと反応する傾向
	偏　向	検査を受ける構え，又はものの考え方，感じ方が著しく偏っている傾向
	自我防衛	自分を守るために自分の弱点を隠し，良く見せようとする傾向
臨床尺度	心気症	自分の心身の変化に敏感であったり，ささいなことにこだわり元気をなくすといった神経質，無気力，心気症的な傾向
	自信欠如	他人の評価を気にし，自分の能力や行動に自信を持てない傾向
	抑うつ	ささいなことに気が沈み，消極的，悲観的，絶望的になり，暗い気分が続く傾向
	不安定	周囲の状況に関係なく気分が変化したり，ささいな刺激で行動が変わりやすい傾向
	爆　発	短気で怒りや不満を抱きやすく，また攻撃的に振る舞いやすい傾向
	自己顕示	自己中心的で支配欲が強く，人から嫌われまいとして自分を良く見せようとする傾向
	過活動	刺激に反応してすぐに行動に移したり，気軽で即行的に振る舞ったりする傾向
	軽　躁	おおむね朗らかで人付き合いを好むというような楽天的な傾向
	従　属	他からの働き掛けに動かされやすく，自主性を欠く弱い依存的な傾向
	偏　狭	自己中心的で社会に対する不平不満を持ち，被害感，不信感などが強い傾向

原則，レスポンシビティ（処遇反応性）原則，すなわちRNR原則（詳細は第4章2節を参照）という考え方が重視されており，諸外国では，以前から，この原則に基づいたリスク・ニーズアセスメントツールが開発されている。これは，統計的な手法を用いて，再犯・再非行に関連している要因（リスク），再犯・再非行防止に必要な処遇や働きかけの目標等（ニーズ）を査定するものである。

少年鑑別所においては，鑑別対象者の再犯・再非行の可能性や教育上の必要性を定量的に把握し，鑑別精度の向上を図ることを目的として，法務省矯正局が，欧米等の取り組みを参考にしつつ開発したアセスメントツールである，法務省式ケースアセスメントツール（ministry of justice case assessment tool: MJCA）を平成25年から運用している（法務省矯正局，2013）。

▼表３−３　MJCAの評定項目例（西田，2016から一部改変）

領域	下位領域	評定項目例
静的領域	S1 生活領域	「家族に少年を虐待する者がいた。」「家族に家庭内暴力をする者がいた。」「本件時に家出や浮浪の状態にあった。」等
	S2 学校適応	「学業不振があった。」「学校内で問題行動を頻発していた。」等
	S3 問題行動歴	「小学生時に喫煙又は飲酒があった。」「小学生時に家出又は無断外泊があった。」等
	S4 非行・保護歴	「初回の警察補導等の措置を受けた年齢が13歳以下である。」「財産非行がある。」等
	S5 本件態様	「本件は指導・監督を受けている期間中の再非行である。」「本件は同種事案の再非行である。」等
動的領域	D1 保護者との関係性	「保護者は少年に対して高圧的である。」「保護者に反発している。」等
	D2 社会適応力	「学校又は職場内で必要とされる決まりを軽視している。」「学校生活又は就労生活に対する意欲が乏しい。」等
	D3 自己統制力	「欲求不満耐性が低い。」「感情統制が悪い。」等
	D4 逸脱親和性	「法律を軽視している。」「犯罪性のある者に親和的である。」「反社会的な価値観や態度に親和的である。」等

MJCAは，静的領域と動的領域の２つの領域（全52項目）から構成されている。静的領域は，対象者の生育環境，過去の問題行動歴・非行歴等に関する項目（５つの下位領域の計24項目）であり，動的領域は，再非行を防止するための教育や処遇を行う必要があり，意欲や価値観等，今後の教育によって変化する可能性のある項目（４つの下位領域の計28項目）となっている（表３−３を参照）。

実施結果については，静的領域および動的領域の下位領域ごとに数値化，グラフ化され，再非行に関連しやすいと考えられる問題，教育等の必要性が高い項目等を把握することができるほか，推定再非行率によって，10.1％から78.0％までの４つの区分に分けられるグループのどこに対象者が属するかが示される。

また，平成27年度からは，性非行に特化した問題性や性非行の再非行可能性等を定量的に把握することを目的としたMJCA（S）も開発，運用されている。

(7) 行動観察

行動観察についても，鑑別における心理アセスメントの重要な方法の1つである。少年鑑別所の行動観察の特徴としては，24時間，対象者の言動や態度，課題への取組等を観察することにより，対象者の特性に関する情報を得られることにある。具体的には，入所時から始まり，居室内，運動時，面会時，外部講師等による学習や講話の実施時といった通常の生活場面を観察するほか，課題作文や日記，感想文，貼り絵，家族画等の作成といった，一定の条件下での行動場面を観察し（「意図的行動観察」という），対象者の知的能力，行動傾向，対人関係の特徴，意欲，社会的態度や価値観，生活習慣に関する情報を収集している。また，収容期間の経過にともなう対象者の変化にも着目し，変化が認められた場合はその程度等を明らかにしている。行動観察から得られる情報は多種多様であるが，留意点としては，対象者の行動を記録する際，観察者である職員の主観が交りやすいことから，客観的な事実と観察した職員側の印象や解釈を区別しなければならないことがあげられる。特に，観察者側のバイアスが生じやすい例としては，観察者側が対象者と接する時間や機会が多いと，気心が知れるようになるなどして，対象者に対する評価が甘くなり，肯定的な評価につながりやすい「寛大効果」，対象者の印象やもっている特性がその他の観察内容の評価に影響を及ぼす「光背効果」等が指摘されている（法務省矯正研修所，2020）。なお，収集された行動観察の情報については，最後に行動観察の要約という形で書面にまとめられる。

(8) その他

以上述べたほか，面接場面や所内生活の様子等から，対象者に精神障害の疑いがある，非行の内容が特異で了解しがたい，精神状況に重大な問題があるなどと考えられる場合，精神障害の有無，精神障害の症状や程度，必要な治療（医療措置）を明らかにするために，精神科医師による診察を行っている。また，基本的にはすべての鑑別事例について，鑑別担当者と，社会調査を行っている家庭裁判所調査官との間で事例検討（カンファレンス）を行っている。鑑別の過程で得られた情報と社会調査で得られた情報のそれぞれに基づき，対象者の非行の程度，非行に至った背景や要因，人格特性等について意見を交換したり，検討したりすることで，対象者をより深く理解し，精度の高い鑑別を実施することを目指している。

(9) 近年の鑑別対象者の特徴等

近年の非行少年の特徴としては，鑑別で得られた統計的なデータに基づき，過去10年，20年の長期間の変化という観点で，以下のような点が指摘されている（法務省，2017）。すなわち，１つ目は，非行の内容や態様等として，傷害等の粗暴非行で被害者のある非行の割合が増加傾向にある一方で，薬物非行といった被害者のいない，自分自身を傷つけるような非行の割合が減少傾向にあり，また，共犯者がいる非行に及んだ者，不良集団，特に暴走族に所属している者の割合が減少していることである。２つ目に，以前と比べると，高校等の進学率向上を受けて，非行時に学生であった者の割合が増加し，非行時に家族と同居している者の割合も増加している。最後に，知的障害や発達障害等の精神障害の診断を受けた者が増え，その特性に応じた福祉・医療的な支援を行う必要性が高い者が多くなっていることも指摘されている。

3. 地域援助

最後に少年鑑別所における中核業務の１つである「地域援助」についても簡潔に触れる。地域援助とは，正式には「地域社会における非行及び犯罪の防止に関する援助」といい，以前は「一般少年鑑別」という外来相談の枠組みで，鑑別業務に支障がない範囲で実施してきたが，少年鑑別所法が施行されてからは本来業務となった。実施に当たっては，一般の方がなじみやすいよう，少年鑑別所ではなく，「法務少年支援センター」という名称を用いて，業務を行っている。これまで鑑別や観護処遇を通じて培った非行や犯罪に関する知見や技術等の専門性を生かして，地域の非行や犯罪の防止，青少年の健全育成に寄与することを目指している。

地域援助には，少年，保護者等からの相談に対し，助言，心理的援助を行う「個人援助」と，非行・犯罪の防止に関する機関や団体からの依頼に応じて，必要な支援を行う「機関等援助」がある。

個人援助における相談内容は，非行や犯罪に関するもの，家庭内での問題行動やしつけ，不良交友，職場・学校でのトラブル等多様であるが，なかでも子どもの問題行動に悩む保護者からの相談が多い。最初は電話で受け付ける場合が一般的であり，１回の電話だけで相談が終わる場合もあれば，事情を詳しく聞くために保護者やその子どもに来所してもらい，必要に応じて心理検査を行ったり，親子の並行面接等の個別面接を継続的に行ったりする場合もある。また，機関等援助に関する依頼元としては，学校等の教育機関，児童相談所等の福祉機関，検察庁等の司法機関など多岐にわたっている。具体的な支援内容としては，たとえば，学校で問題行動を起こしている生徒について教師から相談を受けて，その対応方法等について教師に対し助言を行ったり，生徒に対し面接や心理検査をしたりするケース，福祉施設において職員の指示や決まりを守らない，適応できない入所中の児童に対する支援や指導のあり方等について，関係者が集まる事例検討会に参加して助言を行うケース，検察庁からの依頼に基づき，知的障害や認知症が疑われる被疑者を，起訴猶予後，福祉につなぐ支援への協力として，被疑者に対して知能検査等を実施し，その結果を通知するケース等がある。さらには，個人援助，機関等援助のいずれの場合でも，対象者に暴力，性的問題行動等が認められる場合は，必要に応じて専用のワークブックを用いて心理的援助を行うなど，地域援助の充実化を進めている。

Column 2　裁判員裁判

裁判員制度は，「裁判員の参加する刑事裁判に関する法律」の第１条で「国民の中から選任された裁判員が裁判官と共に刑事訴訟手続に関与することが司法に対する国民の理解の増進とその信頼の向上に資する」とその趣旨が規定され，刑事裁判に国民の感覚や視点を反映させるために2009（平成21）年５月21に施行された。制度施行後10年目の2010（平成22）年には「裁判員制度10年の総括報告書」が最高裁判所事務総局から公表され，これまでの総括がなされている。

裁判員裁判の対象事件は，生命や財産に重大な結果を招いたもので，殺人，強盗致死傷，強制性交等致死傷，傷害致死，現住建造物等放火，危険運転致死などである。裁判は，３人の裁判官と６人の裁判員（選挙人名簿から作成された裁判員候補者名簿から選任される）からなる合議体によって構成される（事件の内容によっては１人の裁判官と４人の裁判員のこともある)。評決は，犯罪事実の存否と量刑について裁判官と裁判員を含む過半数の意見によってなされる。評議の内容については守秘義務が課せられる。

裁判員裁判では，公判前に法曹三者によって公判前整理手続が行われ，争点の整理，必要な証拠の範囲等が吟味され，公判期間中に集中的な審議ができるよう準備される。精神鑑定や犯罪心理学の専門家による情状鑑定等が必要な場合は，公判前整理手続の段階で行われる。鑑定結果は法廷で示されるが，裁判員にもわかりやすいようにプレゼンテーション方式が採用されることが多い。

裁判員は被告人の人生に多大な影響を与える量刑判断をしなければならず，大きな精神的負担を負う。そのため，事後にカウンセリング等のサポートを受けることもできる。10年間で410件の相談があり，そのうち80%がメンタルヘルスに関するもので，心理臨床家の貢献が期待される。裁判員経験者の多くは裁判への参加を「よい経験となった」と高く評価し，裁判所側も従来の精密司法・調書裁判から核心司法（範囲を絞っての審理と判断）・公判主義（公判廷での証拠による心証形成）への実現を意識し，相乗効果となっている。

とはいえ，公判主義は時として検察官や弁護人が裁判員にインパクトを与えようとする傾向を助長し，法廷の劇場化が裁判員の冷静な判断を鈍らせる危険をはらむ。また，保護観察付の判決の増加など被告人の更生に関心を払う裁判がみられる反面，量刑分布の統計からは性犯罪への厳罰化も認められ，今後，国民や司法が実現すべき社会正義とは何かを真剣に考える必要がある。

Column 3　家庭裁判所調査官の仕事

非行少年（14歳以上20歳未満の犯罪少年など）は，警察で取り調べを受けた後，家庭裁判所に送致され，審判により処分が決まる。処分を決めるに当たっては，罪の軽重だけではなく，どうして非行に至ったのかという非行メカニズムを解明し，再非行を防止するためにどのような処遇をすればよいかの検討が求められる。そこで，心理学，教育学，社会学，社会福祉学等の行動科学の知見や技法を生かしつつ，裁判所内で法の枠組みのもと業務に当たっているのが，家庭裁判所調査官（以下，調査官）である。

家庭裁判所に少年事件が送致されると，調査官が少年や保護者との面接を行う。面接では，非行の経緯，家庭環境，成育史などについて聴いていく。少年の中には，これまでの体験から大人に不信感をもっている，あるいは処分を恐れるなどの理由で真実を語らない者もいる。このような少年に対しては，まずは少年の話しやすい話題からじっくりと耳を傾けながら，面接の目的を理解してもらえるようにする。少年の行動の変化につながるような働きかけを行うこともある。保護者は自信を失っていることもあるので，感情を受け止めながら，少年への接し方について助言を行う。加えて，心理検査を実施したり，学校の先生から話を聴いたり，少年宅を訪問することもある。また，家庭裁判所は処遇機関ではないが，教育的措置と呼ばれるさまざまな働きかけを行っている。上述した面接時の働きかけに加え，万引被害や交通違反の危険性を理解してもらうための集団講習が行われている。また，少年は，さまざまな体験を通じて社会のルールの重要性や他者から感謝される喜びを感じたりするので，街頭清掃や高齢者福祉施設でのボランティア活動などに参加してもらうこともある。

以上の調査により収集した事実をもとに，非行メカニズムを解明し，処遇意見を付した少年調査票を裁判官に提出する。少年調査票は処分の参考になり，少年院や保護観察所にも引き継がれ，処遇の「処方箋」となる重要なものである。

調査官は，採用後約２年間をかけて，研修所での講義や演習等と現場での実務修習により，執務に必要な法律知識や行動科学の専門的知識，技法等を身につける。心理学以外の専門分野からも広く受験が可能となっており，多様なバックグラウンドをもつ人材を歓迎したい。なお，調査官の仕事を題材としたドラマや小説として，「少年たち」(NHKエンタープライズ)，『チルドレン』(伊坂幸太郎著，講談社文庫)，『あしたの君へ』(柚月裕子著，文春文庫）などがある。

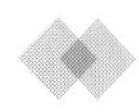 Column 4　法務技官の仕事

法務技官は，国家公務員採用総合職試験（人間科学）や法務省専門職員（人間科学）採用試験により採用され，全国の少年鑑別所や少年院，刑務所，拘置所などに勤務する心理学の専門職員である。

少年鑑別所では，20歳未満の少年に対し面接や心理検査を行って，知能や性格等の資質上の特徴，非行に至った原因，今後の処遇方針を明らかにする。また，少年院送致や保護観察処分になった少年にも，専門的なアセスメント機能を用いて継続的に関与している。そのほか，地域の非行および犯罪の防止に貢献するため，一般の方を対象とした心理相談，学校等の関係機関と連携した非行防止や青少年の健全育成のための取り組みにも積極的に関与している。

少年院や刑務所等の処遇施設では，対象者の教育計画や処遇方針を策定し，改善指導プログラムやカウンセリング等により，その処遇にも継続的に関わる。また，処遇効果の検証や新たな改善指導プログラムの開発等の業務も行っている。

このように，法務技官の仕事は，非行・犯罪という特殊な分野において，広く人間の問題行動や不適応行動を扱うことから，その対象も，子供から大人まで幅広く，必要とされる専門的知識やスキルも，犯罪心理，発達心理，教育心理，精神医学，カウンセリング，SST，認知行動療法等多岐にわたっている。大学（院）卒業後，臨床経験もなく採用される職員が大半であるが，心理職養成のための研修制度は充実しており，一定のレベルに達した後も，研究会や勉強会等，最新の知見・研究に触れ，学ぶことのできる機会が多く準備されている。

我々の職務上の理念に，「クールヘッドとウォームハート」という言葉があるが，法務技官の仕事は，科学的で冷静な視点と温かい人間観に裏打ちされた，非常に人間臭いものである。非行・犯罪を切り口に対象者を理解し，その処遇について考えることは，対象者の立ち直りなどその人生に深く関わることであり，責任はとても重いが，その分感じられるやりがいも大きい。仕事を通じてさまざまな人生に触れられる，面白く感動に満ちた仕事なのである。

第4章 再犯を防止する

1節　非行・犯罪からの立ち直り

1. はじめに

立ち直り研究とは，人はどのようにして非行や犯罪をしなくなるのかを問い，その要因を分析対象とするものである（只野ら，2017）。カークウッドとマクニール（Kirkwood & McNeil, 2015）は，立ち直りを「犯罪をしている状態から社会に再統合されていくまでの過程」と定義している。

2. 生涯発達からみた非行・犯罪からの立ち直り

サンプソンとラウブ（Sampson & Laub, 1993）は，グリュック夫妻（Glueck & Glueck, 1968）の膨大なデータを再分析し，社会的絆をもつことができれば，誰でも非行・犯罪から立ち直ることができるとして，力動的理論的モデルを作成した。そしてその中で，職業訓練などの絆を強める働きかけが立ち直りに有効と結論づけた。

しかし，どんなに職業訓練を充実させても，立ち直りに結びつかない事例があることを考えれば，やはり心理学的要因を無視することはできない。社会的絆をもつことのできる個人の心理特性に注目し，立ち直りのために必要と推測される要因を抽出して，それを強化するようなアプローチをしてこそ，サンプソンらのいう「誰でも非行・犯罪から立ち直ることができる」可能性が出てこよう。そこ

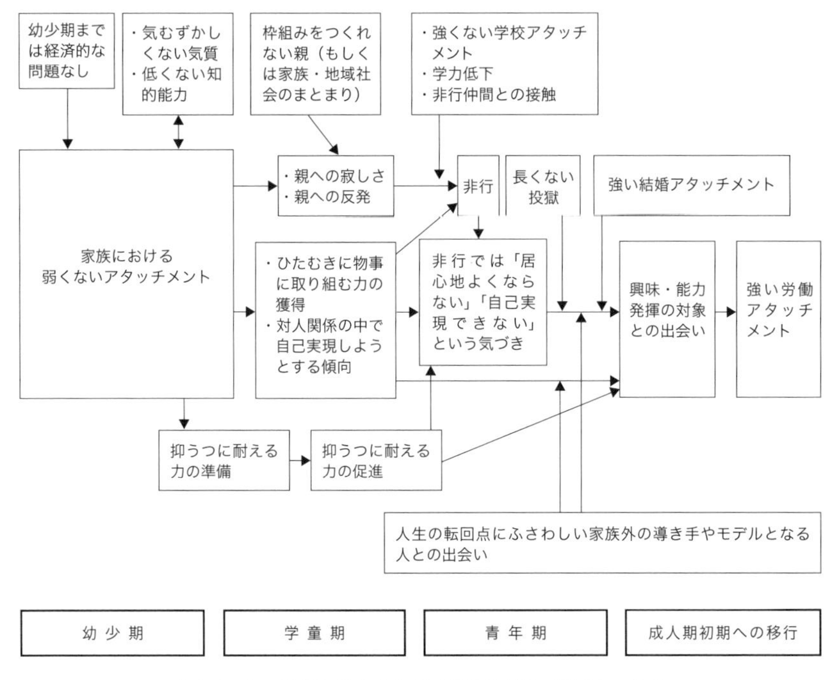

▲図4－1　非行リスクからの回復のモデル（白井ら，2005）

で，白井ら（2001）は，過去に非行歴があり，現在は安定した社会生活を送っている者の公刊された自伝を分析し，心理的変数も考慮に入れて，社会的絆がつくられるメカニズムについて検討を行った。さらに，白井ら（2005）では，これらの知見を発展させ，サンプソンらの力動的理論的モデルを参考に，「非行リスクからの回復モデル」を提唱している（図4－1）。

3. 非行・犯罪から立ち直る人の心理的特徴

(1) 立ち直る人に共通する心理的特徴

パターノスターとブッシュウェイ（Paternoster & Bushway, 2009）は，立ち直る犯罪者は，自分が犯罪を続けていたら起こるであろう不幸（刑務所で過ごす時間が長くなる，パートナーや友達から孤立するなど）を恐れる気持ちがあるという。そして，「恐れる自己（feared self）」と，こうなりたいと思う将来を実現させたいと願う「願望する自己（desired self）」との間で，コストと利益のバランスについて考え，犯罪をやめるとする。また，「願望する自己」のベースとなる，自分の将来や憧れの大人像について，非行少年や犯罪者が考え始めるのは20代前半であり，拘禁経験も少なく，犯罪様式も習慣化していないこの頃までなら，なりたい自分に向かって行動を軌道修正することで，非行や犯罪から立ち直る可能性が高い（Bottoms & Shapland, 2016）ともいわれている。一方，時に30代40代になって立ち直る者もいる。彼らは，親族の死や自分の健康状態の悪化などの明確なきっかけがある（F-Dufour & Brassard, 2014）との指摘もあるが，調査協力者が少なく，今後の研究の積み重ねに期待したい。

非行からの立ち直りを，パーソナリティの観点から検討した岡本（2016）は，立ち直りには，Big 5 モデルでいう誠実性（勤勉性）の高まりが必要であるという。岡本の研究は，1つの自伝分析によるもので，結果を一般化することに慎重になる必要はある。しかし，更生保護施設生活者が，スティグマに1つひとつ対処していく中で立ち直りが維持される事例報告（都島，2017）や，立ち直る犯罪者は，「認知の変容（cognitive transformation）と，アイデンティティの変革，自分の人生のために行動を変えようと試みること，これらすべてを同時に経験する」（Bottoms & Shapland, 2016），「変化へのきっかけ（hooks for change：新しいパートナーや興味がもてる仕事など）を上手につかみ，立ち直りに生かすことができる」（Carlsson, 2016）との指摘は，誠実性（勤勉性）が機能しているがゆえに，困難に直面しても粘り強く対処できているためと解釈できよう。誠実性（勤勉性）は，立ち直りの心理特性を検討するうえで，重要なキーワードになりそうである。

(2) 立ち直りを個人内プロセスから捉える

マルナ（Maruna, 2001）は，非行・犯罪からの立ち直りは，「他者の目という鏡に映った自らの姿を確認する（looking-glass self）過程」だという。そして，まっとうな道に戻ろうと真剣になっているときに，認め，支援してくれる向社会的他者がいてこそ，立ち直りが進むという。非行や犯罪から立ち直った人は，過去から学び，成長している自分を実感するとともに，自分の運命は自分で支配できると思えるようにもなる（Maruna, 2004）。人は，犯罪者であった過去の自分を現在の自分に組み込んで，アイデンティティの変革を遂げていくのである。

この観点は，非常に斬新なもので，興味深い。ただ，マルナ自身が，語ること

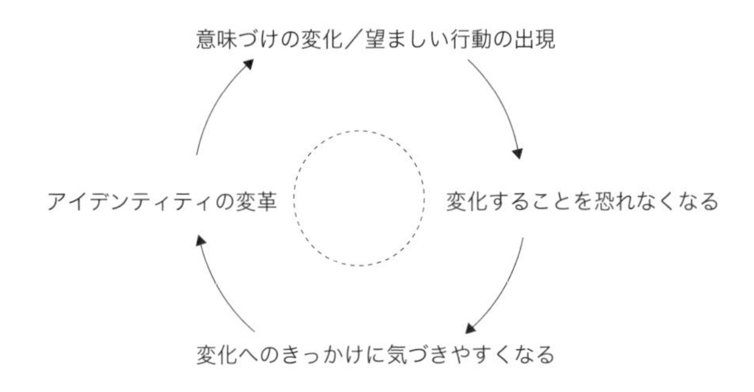

▲図4-2　認知の変容プロセス（Giordano, 2016）

の重要性やその意味について，あるいはアイデンティティの変革を遂げるために必要な個人の資質や特徴について，詳しく論じているわけではない。「立ち直りには，内的な語り（internal narrative）が重要である」と指摘したのは，ヴァーガン（Vaughan, 2007）である。ヴァーガンは，マルナの提唱するアイデンティティの変革を起こすためには，会話（conversation）から語り（narrative）への質的移行が必要であるという。そして，「非難されるべき過去」と「追い求めている理想的な未来」との間にある，現在の語りを用いて，自分の人生を捉え直していくことで，アイデンティティは再構築されていくこと，このような語りは，過去のさまざまなできごとを客観的にみて，自分とは何者であるかを考え，自分にとって当然となっているものを疑ってみるプロセスの中から立ち現れることを指摘している。

ジョルダーノ（Giordano, 2016）は，立ち直りのための重要な要素として，認知の変容をあげ，変化のプロセスを図化している（図4-2）。この図は，犯罪に対する態度や意味づけが変化し，変化に対して開かれることで，変化へのきっかけに対する感受性が高まり，アイデンティティの変革が起こるというものである。

河野（2009）は，非行を主訴に心理面接を開始した事例をもとに，非行からの立ち直り過程をモデルにしている（図4-3）。この図は，立体モデルの横断面であり，心理面接過程でテーマとなるすべての対象（具体的な人物であることもあれば，将来の目標といった抽象的なものであることもある）に対する「認識の変化」と「意味づけの変化」が繰り返されることで，精神発達が進み，非行からの立ち直りが実現する様子を示している。また河野は，非行からの立ち直りに関係

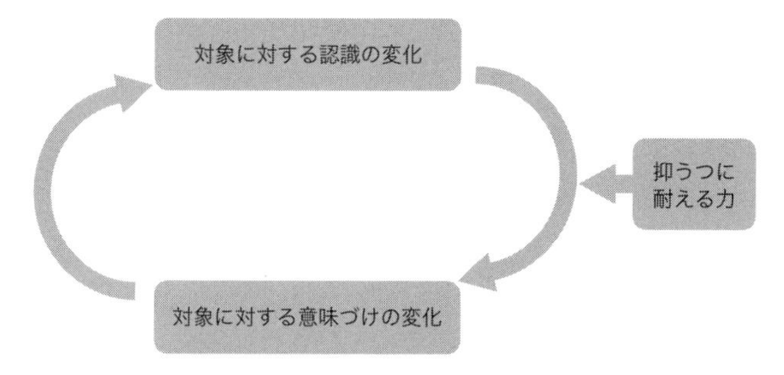

▲図４－３　心理面接過程における逸脱行動からのレジリエンスモデル
（横断面）（河野，2009）

する心理面接を，その困難さゆえにレジリエンスプロセスと捉えている。心理面接の各セッション１つひとつが小さなレジリエンスプロセスであり，それらが継時的につながることで，心理面接という大きなレジリエンスプロセスをつくり，さらに心理面接そのものが，立ち直りという人生を通した大きなレジリエンスプロセスの１つとなり，まるで入れ子のように相互に関係しあって，新しいアイデンティティの創出につながるというのである。

4. おわりに

2012年７月の犯罪対策閣僚会議で，「再犯防止に向けた総合対策」が決定され，再犯に関する総合的な調査研究の実施が重点施策の１つに掲げられた。非行・犯罪からの立ち直り研究が，重要な知見をもたらすものであるとの認識が広がっているといってよいだろう。しかし，我が国の立ち直りに関する研究は数えるほどしかなく，まだまだ不十分である。まずは，非行少年や犯罪者の立ち直り研究を蓄積し，活発に議論することから始めるべきであろう。

2節　現在の処遇制度

1. 概要

(1) はじめに

犯罪者処遇は，1930年代以降，欧米を中心に医療モデル（medical model）が中心であった。医療モデルとは，犯罪は，何かしらの疾患の表れであり，犯罪者は病人であるから治療が必要だという理論である。しかし，1960年代に入り，医療モデルへの批判が高まり，マーティンソン（Martinson, 1974）による処遇効果否定論は，その最たるものだった。それは，「犯罪者の処遇はわずかな例外を除けば，再犯に効果的なものなどない」というもので，世間に犯罪者処遇そのものへの信頼性を失墜させる結果となった。

しかし，ロッソとファビアーノ（Ross & Fabiano, 1985）によって犯罪行動の低減などの効果があった処遇プログラムの報告を契機として，再犯防止についての処遇効果を客観的・統計的に検証する研究にシフトしていった。それが，1990年代以降のエビデンス（実証的根拠）に基づく実践（evidence-based practice: EBP）の概念と結びつき，現在に至るまで隆盛となっている（染田，2012）。

このEBPの代表的なものが，アンドリュースら（Andrews et al., 1990）らによって提唱されたRNRモデル（risk-need-responsivity model）である。このRNRモデルの原則に忠実に従うほど，再犯リスクは低下することが明らかになっており，犯罪者処遇としての再犯減少効果における一般的な有効性は確立したといえる（染田，2012）。

（2）RNRモデル

①リスク原則（risk principle）

リスク原則とは，処遇密度を犯罪者の再犯リスクに合わせるということである。つまり，再犯の危険性の高い犯罪者には，高密度の処遇を実施する必要があり，再犯の危険性の低い犯罪者には低密度の処遇が適当である，ということである。これは，再犯の危険性の低い犯罪者に，高い犯罪者向けの処遇を実施したところ，再犯が増加したという報告（Bonta et al., 2000; Andrews & Dowden, 2006）があるからである。

②ニード原則（need principle）

ニード原則とは，処遇は，適切に評価した犯罪誘発要因（criminogenic needs）にターゲットに定めて行う必要がある，ということである。つまり，何を目標に処遇を行うべきかを明らかにするということである。犯罪誘発要因（表4-1）とは，犯罪行動に密接に関連するが，非犯罪性誘発要因は，ほとんどまたはまったく犯罪行動と関連性がないのである（Bonta, 2012／染田（訳），

▼表4-1　犯罪誘発要因と非犯罪誘発要因（Bonta, 2012／染田（訳），2012より作成）

犯罪誘発要因（criminogenic needs）	非犯罪誘発要因（non-criminogenic needs）
犯罪促進的態度	自尊心の低さ
反社会的人格パターン（自己管理の不足，敵意，他者の軽視，冷淡など）	漠然とした精神的不快感（不安，抑うつ感，疎外感など）
犯罪促進的な者との交流	重い精神疾患（統合失調症，うつ病など）
仕事・学校の状況（失業，学業不振など）	目的意識の不足
家族・婚姻の状況（不安定，葛藤など）	被害経験
薬物乱用	公的処罰に対するおそれ
余暇・娯楽の状況	身体活動の不足

2012）。

③応答性原則（responsivity principle）

応答性原則とは，犯罪者への処遇がどのように実施されるべきかということであり，その処遇方法は，犯罪者の学習効果を最大限にする必要がある，ということである。それには，認知行動療法を中心に，犯罪者の学習スタイル，動機づけ，能力や長所に応じた処遇を実施しなければならない（Bonta, 2012／染田（訳），2012）。

(3) グッド・ライブズ・モデルの台頭

RNRモデルが犯罪者処遇の中心的理論であり，実践においても展開される一方で，特に2000年代に入って，RNRモデルに対する批判が呈されるようになった。それは，RNRモデルにおける処遇では，ひたすら再犯リスクの査定とその管理にしか関心が向けられておらず，犯罪者は単なる欠点や弱さの集合でしかないとみなされがちというものである（Laws & Ward, 2011）。ゆえに，犯罪者自身の動機づけや積極的な取り組みに結びつかず，かえって処遇からの離脱（ドロップアウト）しかねないという。

こうして，RNRモデルの犯罪者の再犯リスク重視に対し，ウォードとスチュワート（Ward & Stewart, 2003）が提唱したのが，グッド・ライブズ・モデル（good lives model：良き人生モデル，以下GLモデル）である。このモデルは，すべての人は生まれながらにして，人としての基本財（primary human goods）と呼ばれる自分にとって価値あるものを手に入れようと行動する存在であり，犯罪はそれを不適切な手段で得ようとした結果であると考える。そこで，GLモデルにおける処遇では，再犯リスク管理よりも，犯罪者本人が得ようとした基本財（それ自体を理由として求められる対象であるとともに，達成されることで心理的福利が増す心の状態。たとえば，関係性，創造性，身体の健康，熟達など）を，社会的に受容され，本人も満足できる形で実現するために，長所を生かし，必要なスキルを身につけさせることに重点を置くことを目標とする（Laws & Ward, 2011）。本人にとっての「good lives（良き人生）」の追求こそが再犯防止へとつながると示唆している。

(4) まとめにかえて

RNRモデルもGLモデルも，犯罪者処遇において，彼らが犯罪から離れた人生を歩んでいくためにはどうすべきかということについて，さまざまな示唆を与えてくれており，両者は決して相反するものではない。RNRモデルはすでに多くの実証的研究において再犯リスク低減に効果があると立証されてきている。ウォードも，GLモデルは，さらによいものとするために，RNRモデルと結びつけて用いられるべきと提案している（Ward & Maruna, 2007）。

両モデルをどのように犯罪者処遇に生かすのかはまだまだ議論の余地があるが，両モデルの長所を生かした犯罪者処遇の実現は，犯罪者の再犯防止と社会復帰を支え，ひいてはそれが社会の安全の達成につながるといえるだろう。

2. 施設内処遇

(1) 刑事施設

矯正施設とは，刑務所，少年刑務所，拘置所，少年院，少年鑑別所，婦人補導院のことであり，このうち，刑務所，少年刑務所，拘置所を「刑事施設」と呼ぶ。刑務所および少年刑務所は，主として受刑者を収容する施設であり，拘置所は，主として未決拘禁者を収容する施設である。

刑事施設における被収容者（施設に収容されている者）への処遇の根拠は，2005（平成17）年に成立した「刑事収容施設及び被収容者等の処遇に関する法律」（刑事収容施設法）によって定められている。この法に基づき，被収容者の中でも，主に受刑者に対し，作業，改善指導，教科指導からなる「矯正処遇」を，改善更生と円滑な社会復帰を目的として実践している。

では，具体的に，矯正処遇の内容を紹介していきたい（以下，法務省法務総合研究所，2019を参考にまとめている)。

①作業

作業には，一般作業および職業訓練がある。前者は，生産作業（物品を製作あるいは労務を提供する作業で，木工，印刷，洋裁，金属など）が中心で，そのほかに社会貢献作業などもある。後者は，受刑者に免許や資格を取得させたり，職業上有用な知識や技能を習得させたりするために実施しており，建設機械科，自動車整備科，ビジネススキル科などがある。

②改善指導

改善指導とは，受刑者に，犯罪の責任を自覚させ，社会生活の適応に必要な知識や生活態度を習得させるために実施し，一般改善指導および特別改善指導がある。

一般改善指導は，のちに説明する特別改善指導以外の内容をすべて包括しているため，非常に幅が広い。そのため，さまざまな専門家が講話，体育，行事，面接，相談助言などの方法を活用し指導をしている。基本的には，①被害者およびその遺族の感情を理解させ，罪の意識を涵養させる，②規則正しい生活による心身の健康の増進，③社会適応に必要なスキルを身につける，といったことを目的に実施されている。各刑事施設の事情等よって実施されているプログラムは異なることもあるが，矯正局として標準化しているものには，アルコール依存回復プログラム，暴力防止プログラム，社会復帰支援指導などがある。

次に，特別改善指導は，受刑者のもつ各々の問題性に応じた指導を行うもので，下記の6種類ある。

・薬物依存離脱指導：薬物を使用していた受刑者に対し，薬物使用に関わる自己の問題性を理解させ，再使用に至らないための具体的な方法を考えさせるなどの治療プログラム
・暴力団離脱指導：暴力団に所属している受刑者に対し，警察などと協力しながら，暴力団の反社会性を認識させる指導を行い，暴力団からの離脱への意志を高めさせ，離脱手続きにつなげるプログラム
・性犯罪再犯防止指導：性犯罪受刑者に対し，性犯罪につながる認知の偏り，自己統制力の不足等の自己の問題性を認識させ，再犯に至らないための具体的方法を考えさせる認知行動療法のプログラム

・被害者の視点を取り入れた教育：生命犯罪（被害者が亡くなった犯罪）および被害者に重症を負わせるなど重大な犯罪をした受刑者が対象となる。被害者やその遺族の心情，自分の犯した罪の大きさを認識させ，被害者等に誠心誠意をもって対応するための方法を模索させるプログラム
・交通安全指導：交通犯罪受刑者に対し，運転者の責任と義務を自覚させ，交通規範を決して軽視しない構えを養うプログラム
・就労支援指導：再犯防止のために欠かせない就労について，必要な基本的スキルとマナーを習得させ，出所後の就労に向けての取り組みを具体化させるプログラム

③教科指導

教科指導とは，学校教育の内容に準ずる指導であり，社会生活を送るうえで基礎学力不足により支障があると認められる受刑者などに対して行う。

(2) 少年院

少年院とは，家庭裁判所から保護処分として送致された少年に対し，その健全な育成を図ることを目的として矯正教育，社会復帰支援等を行う施設である。以下，法務省法務総合研究所（2019）を参考に紹介したい。

①種類

少年院は，犯罪傾向の進度や心身の状況などにより，第１種（心身に著しい障害がないおおむね12歳以上23歳未満の者），第２種（心身に著しい障害がない犯罪傾向が進んだ，おおむね16歳以上23歳未満の者），第３種（心身に著しい障害があるおおむね12歳以上26歳未満の者），第４種（少年院において，刑の執行を受ける者），に分類される。

②矯正教育

少年院における処遇の中心は，「矯正教育」である。少年一人ひとりの特性や抱えている問題性などに応じた個別矯正教育計画を作成し，各少年に必要な教育をきめ細やかに実施している。

矯正教育は，「生活指導」「職業指導」「教科指導」「体育指導」「特別活動指導」の５分野に分類されている。紙幅の都合上，すべての説明はできないが，前述した刑事施設における特別改善指導の実施を参考に，「生活指導」の領域において，「特定生活指導」として，①被害者の視点を取り入れた教育，②薬物非行防止指

導，③性非行防止指導，④暴力防止指導，⑤家族関係指導，⑥交友関係指導，が実施されている。グループワークによる認知行動療法などのさまざまな処遇方法が行われている。

(3) 施設内処遇のまとめ

刑事施設は，2005年の刑事収容施設法の成立以降，刑罰モデルからリハビリテーションモデルへの急激なパラダイムシフトが行われ，次々に再犯防止に関する法令が誕生し，それに合わせて，現場も再犯防止に資する矯正処遇を展開してきた。その結果，再犯の減少に効果の見られるプログラムも実証的に検証されている（法務省法務総合研究所，2016）。また，少年院における矯正教育の効果についての研究も多い（遊間，2000; 法務省法務総合研究所，2014, 2018aなど）。こうした刑事施設および少年院における施設内処遇の取り組みが，施設を出所後の社会内処遇においても継続されることが肝要であり，そこには心理職をはじめとする多職種連携による支援が必要である。

3. 社会内処遇

(1) 更生保護と対象者

刑事施設等での施設内処遇と対比し，社会において犯罪者や非行少年の改善更生や再犯防止に取り組む処遇を社会内処遇といい，社会内処遇をめぐる事業，体制や組織などの全体をもって更生保護という。

社会内処遇とはすなわち保護観察を指す。保護観察を実施している機関は保護観察所であるが，仮退院や仮釈放の決定をしているのは地方更生保護委員会である。高等裁判所の管轄区域ごとに地方更生保護委員会が，地方裁判所の管轄区域ごとに保護観察所が置かれ，地方更生保護委員会は保護観察所に対する監査や指導等を行う上位機関として位置づけられている。

保護観察の実施内容は，生活状況等を確認しながら必要な指導等を行う指導監督と，自立した生活ができるよう住居の確保や就職の援助等を行う補導援護に大分され（更生保護法第49条），保護観察所に所属する保護観察官だけでなく，地域のボランティアである保護司（法務大臣から委嘱を受けた非常勤の国家公務員）や，協力雇用主等も協働して実施している。

保護観察の対象には以下５つの種類がある。

①家庭裁判所から保護処分決定のあった少年
②少年院からの仮退院者
③刑事施設からの仮釈放者
④保護観察付全部執行猶予者及び保護観察付一部執行猶予者
⑤婦人補導院の仮退院者

①②については少年，③④については成人が対象である。⑤については売春防止法に違反した成人女性であるが，現在ごくまれであるため，実質の運用対象は①～④となっている。

④の保護観察付一部猶予者については，懲役刑の一部の執行を猶予され，猶予された期間について保護観察を付された者となる（平成28年6月1日から刑法等の一部を改正する法律及び薬物使用等の罪を犯した者に対する刑の一部の執行猶予に関する法律が施行された）。

保護観察の対象者には遵守事項が設けられ，遵守事項を守って生活しなければならない（更生保護法第50条，第51条）。遵守事項に違反した場合，保護観察所は矯正施設へ収容することを裁判所や地方更生保護委員会に申し出ることができる。また反対に，保護観察が良好な者には保護観察を解除するなどの措置を取ることができる。

(2) 生活環境調整と処遇

仮退院者や仮釈放者の場合，保護観察所は，彼らが矯正施設から出てきたあと速やかに保護観察を実施することができるよう，矯正施設に入所している段階から出所後の帰住地の調整を行っており，これを生活環境調整という。出所後の帰住地については親族のもとであることが多いが，適当な帰住地がない者については更生保護施設や自立準備ホームで食事や宿泊の提供を受けることができる。これら帰住地については，保護観察所が帰住の可否を判断している。矯正施設を満期釈放で出所した者は保護観察の対象とならないが，生活環境調整を実施しておくことで満期釈放後に帰住地の選択肢が増えることとなり，再犯防止につなげることができる。また，法務省と厚生労働省が連携し，高齢または障害を有する受刑者等に対しては通常の社会内処遇の実施はむずかしいことから，福祉機関や医療機関と連携して本人の出所後の生活を支援する特別調整も実施している。

保護観察が始まると，保護観察対象者は担当の保護司を指名され（犯罪をした者及び非行のある少年に対する社会内における処遇に関する規則第43条），保護司と定期的に面接を行うこととなる。保護司は保護観察対象者の生活状況等を確認し，定期的に保護観察官へ報告する。保護観察官は保護司の報告を受けながら保護観察対象者へ介入し，改善更生の進度や再犯可能性のリスク等を判断し処遇を実施している。

就職がむずかしい対象者には保護観察所が実施している就労支援制度を紹介し，保護観察に付されていることを承知のうえで雇用する協力雇用主を保護観察所から保護観察対象者に紹介することができる。協力雇用主の半数以上は建設業であるが，業種は多岐にわたる（法務省法務総合研究所，2017, p.327）。

また，保護観察所では特定の犯罪的傾向を有する保護観察対象者に対して，認知行動療法に基づいた専門的処遇プログラムを実施している。薬物事犯者に対しては簡易薬物検出検査を実施したり，薬物依存症リハビリ施設に薬物依存回復訓練を委託したり，その家族に対する引受人会（薬物事犯者の家族に対して，薬物依存についての知識や家族のための自助グループについて理解を深めるための会）を実施したりしている。薬物依存者に対して重点的な処遇を実施する「薬物処遇重点実施更生保護施設」として指定を受けている更生保護施設もある。

そのほか，自己有用感の涵養，規範意識や社会性の向上を図るため，社会貢献活動を実施しており，公共の場での清掃活動や福祉施設での介護補助活動などをしている。

(3) 更生緊急保護

刑事施設を満期釈放（あるいは少年院を退院）になると保護観察が付かないが，満期釈放（退院）の再犯率は仮釈放者（仮退院者）の再犯率よりも高く（法務省法務総合研究所，2018b, pp.206-207, pp.213-215），当然，無職者の再犯率は有職者の再犯率よりも高い。よって，保護観察所では，満期釈放者等に対し，医療機関や福祉機関から必要な援助をただちに得られない場合や得られた援助だけでは不十分であると認められる場合，食事・衣料・旅費等を支給し，または宿泊場所等の供与を更生保護施設に委託するなどの応急の救護を講じており，この制度を更生緊急保護という（更生保護法第85条）。

Column 5　保護観察官の仕事

先述したように，保護観察は保護観察官の力だけで実施しているわけではない。特に保護司との協働体制が不可欠である。保護観察対象者自身が二度と犯罪をしないよう努力していても，彼らを支える受け皿がなければ改善更生は難しい。帰る場所があること，社会で必要とされる機会があることが再犯を防ぐことに繋がるのである。人間は弱い生き物であり，人間が変わるには社会の見守りが不可欠であり，その一助となっているのが保護司の働きである。

保護観察対象者の個人情報を扱ったり，保護司として活動しやすくするため，保護司は非常勤の国家公務員として法務大臣から委嘱されるが，ボランティアであり一般市民である。保護観察官の数より保護司の数のほうが圧倒的に多い。保護観察官は国家公務員なので転勤があるが，保護司はずっとその地域に住んでいる。そして地域に更生保護が根付くよう，さまざまな活動をしている。学校での講演や連携，社明運動（社会を明るくする運動），安全なまちづくりのための地方自治体への協力，警察との連携など，地域で動いてくれているのは保護司であり，保護司の地道な活動が更生保護を支えている。加えて，保護司には保護観察対象者との面接もある。

では，保護観察官の役割は何なのか。基本的に保護観察対象者と面接をするのは保護司であるが，保護観察官は保護司と連携を取りながら，保護司では介入が難しい場合や，再非行や再犯の可能性が高まった場合などに保護観察対象者に介入し，保護観察という法的枠組みからの逸脱を防ぐ役割がある。保護観察官は保護観察所の長の代理として働き，法的権力を行使することで，保護観察対象者の逸脱行動を防ぐ。また，保護観察対象者に対するアセスメントを行い，処遇計画を策定するが，これは保護司と保護観察対象者のマッチングにも関係する。保護司では担当がむずかしい保護観察対象者には，保護観察官が直接面接を担当することもある。その他，対象者に保護観察官が専門的処遇プログラムを実施するなど，保護観察官に求められる専門性は年々高くなっている。

専門性のニーズから国家公務員の専門職試験が始まり，一般職試験よりも専門職試験から保護観察官として採用されるのが主流となっている。試験に合格すれば保護観察官として活動ができるが，上記述べた通り，保護司等との連携が不可欠となり，保護観察官としての対人関係スキルや積極性が求められる。

Column 6 医療観察制度

心神喪失者等医療観察制度は，心神喪失等の状態で殺人や放火など重大な他害行為を行った者に対し，適切な医療的関わりをもってその社会復帰を促進することを目的としている。2003（平成15）年に成立した「心神喪失等の状態で重大な他害行為を行った者の医療及び観察等に関する法律」に基づき，適切な処遇を決定するための審判手続が設けられ，より医療機関の介入がされるようになった。保護観察所には社会復帰調整官が配置され，社会復帰調整官はこの法のもと業務に当たっている。

審判に当たり，裁判所は保護観察所に対し，対象者の生活環境の調査を求めることができ，社会復帰調整官は本人の入院先や親族の意向などの調査をしている。裁判所の入院決定を受けた者は，厚生労働省所管の指定医療入院機関に入院し，専門的医療を受けることができる。

裁判所の通院決定や病院からの退院許可を受けた者は，厚生労働省所管の指定通院医療機関による入院によらない医療を原則として３年間受けるとともに，その期間中継続的な医療を確保することを目的として，保護観察所による精神保健観察に付される。社会復帰調整官は本人が入院しているうちから円滑な社会復帰を図るため，退院に向けた生活環境の調整を行うが，これは保護観察官が行う生活環境の調整と同じであり，居住地の確保や就労先の確保などが必要となってくる。社会復帰調整官は，精神保健観察の実施に当たり，精神保健福祉関係機関の関係者と協議をし，対象者ごとに処遇の実施計画を立て，本人に対する支援体制をつくることに努める。また，処遇の経過に応じて関係機関とケア会議を実施するなどし，情報を共有しながら処遇方針の統一化を図るなどしている。

精神保健観察に関しては，保護観察よりもより医療的，福祉的支援が必要となることから，常に関係機関で情報を共有し認識を合わせ，本人が社会で暮らすことができるよう調整し支援しなければならない。

Column 7　少年鑑別所における地域援助

少年鑑別所法（平成27年６月施行）では，在所者以外を対象とする「地域援助」を少年鑑別所の本来業務の１つとして位置づけている。地域援助とは，地域の一般住民のほか福祉，教育，司法等の官民の機関や団体（以下，関係機関）からの非行・犯罪に関する相談業務のほか，関係機関の行う非行・犯罪防止に関する活動や青少年の健全育成に関する活動への支援を行うものである。地域援助業務の中でも，地域の関係機関からの相談対応は，関係機関の依頼を受けて個別のケースに直接対応するもの（個人援助）と，関係機関の主催する協議会やケース会議等への参加や，関係機関を対象とした研修や講演など，機関そのものを支援するもの（機関等援助）に大別される。以下に，関係機関からの相談対応の例を紹介する。

①性的な問題行動を起こした男子生徒への対応（個人援助）

校内で性的な問題行動（盗撮，更衣室侵入等）を起こした男子生徒への指導方法について学校から相談を受けることがあるが，学校は問題行動が性的なものであることに戸惑い，加害生徒から問題行動の事実関係の聞き取りを十分に行えず，事態そのもののアセスメントに手が回っていないことが少なくない。このような場合の地域援助での対応では，非行臨床心理学の視点から，まずは問題行動の事実関係を学校や加害生徒から聞き取り，加害生徒にとってその問題行動はどのような意味をもっているのか，ケースフォーミュレーションを行い，学校にフィードバックして指導方針立案をサポートしたり，加害生徒に認知行動療法的な働きかけを行ったりしている。

②成人触法障害者のケース会議への参加（機関等援助）

窃盗等の犯歴のある成人触法障害者が，障害者福祉施設を退所してグループホーム等での地域生活に移行する際に，心理職の視点からの助言を求められて，ケース会議への参加を依頼されることがある。支援対象者に知的障害や発達障害がある場合，支援者との間で意思疎通の不調が起こりやすいので，支援対象者の認知特性を踏まえた効果的な支援について支援者に対して助言を行い，より効果的な支援体制の構築のコンサルテーションの役割を担うことがある。

Column 8　児童相談所

◎児童相談所とは

児童相談所とは，児童福祉法に基づき，都道府県などに設置された児童福祉の専門機関である。18歳未満の子どもに関するあらゆる相談を家庭その他から受け，子どものニーズや置かれた環境などの状況に応じて，子どもの福祉を図るとともにその権利を守ることを目的とする。相談業務においては，児童福祉司と児童心理司がチームとなり，社会診断と心理診断，必要に応じて一時保護所で行う行動診断や医師による医学診断などを行い，子どもとその環境を総合的に理解したうえで支援が行われている。

児童相談所は，通常の相談機能に加えて，市町村相互間をコーディネートする市町村援助機能，施設入所などを行う措置機能，子どもの保護を行う一時保護機能という強力な権限を併せ持っている。今，児童相談所といえば，子ども虐待対応のイメージが強いと思われるが，非行相談も児童相談所の重要な役割の１つである。

◎児童相談所における非行相談

14歳以上で犯罪をした子どもは「犯罪少年」として家庭裁判所に送致されるため，児童相談所では，14歳未満で刑罰法令に触れる行為をした「触法少年」が通告されてくる。また，犯罪行為等で逮捕・補導されていなくても，度重なる家出や深夜徘徊などがあり，将来的に罪を犯し，または刑罰法令に触れる行為をするおそれがある子どもは「ぐ犯少年」として非行相談の対象となる。

児童通告に対する児童相談所の対応としては，①訓戒・誓約，②児童福祉司指導，③児童福祉施設入所措置，④家庭裁判所送致のいずれかの措置が行われる。具体的には，注意喚起により再発防止が見込める場合には訓戒・誓約（第１号措置）となる。児童福祉司指導（第２号措置）では，児童相談所での通所指導を行うが，必要に応じて一時保護所などを利用することもある。不良交友関係などがあり，地域での改善がむずかしい場合には，親の同意のうえで児童自立支援施設入所（第３号措置）を行う。また，児童相談所が家庭裁判所における審判を必要と判断した場合には，家庭裁判所送致（第４号措置）を行う。

以上のように児童相談所には，子どもの再非行を防ぐために何が必要なのかを見立て，処遇を決定することが求められている。

第5章　犯罪被害について考える

1節　犯罪被害者

さまざまな犯罪や事件のニュースが毎日のようにテレビや新聞，インターネットなどを通して伝えられている。しかし，自分が何らかの犯罪に巻き込まれると思って生活している人は少ないだろう。本節では，犯罪被害の実態を知り，被害による心身への影響を概観する。あわせて，被害からの回復，被害者支援に関しても紹介する。なお，ここでいう被害者とは，犯罪被害にあった当事者，および殺人事件などの場合には被害者遺族を含むものとする。

1．犯罪被害の実態

(1) 認知された被害件数

犯罪被害について考える際に犯罪の発生状況を正確に把握しておくことが必要である。令和元年版犯罪白書（法務省法務総合研究所，2019）によると，2018（平成30）年の刑法犯の認知件数は81万7,338件で，前年比９万7,704件（10.7%）減と戦後最少を更新した。人が被害者となった刑法犯の認知件数を年齢層別に見ると，20～29歳の被害件数（総数の20.5%）が最も多かった。殺人の認知件数は915件であった。検挙率は，安定して高い水準（96.8%）にある。

(2) 暗数調査より

法務省法務総合研究所が４年ごとに暗数調査を行っており，2019（平成31）年に第5回調査「安全・安心な社会づくりのための基礎調査」（以下，31年調査という）が実施された。対象者6,000人中，3,500人の回答で，内訳は男性1,688人（48.2%），女性1,812人（51.8%）であった。

全犯罪被害のいずれかに遭った者の比率は，過去5年間で全回答者の23.8%，2018（平成30）年1年間では7.0%であった。個人に対する窃盗および暴行・脅迫では約4割が被害申告をしたのに対し，性的事件，ストーカー行為およびDVでは約1割から2割にとどまるなど，被害態様による差がみられた。過去5年間の性的事件の被害率は，1.0%だが，捜査機関に被害を届け出なかった者の割合は80.0%で，暗数が相当数あることがうかがわれる。

(3) 若年層を対象とした性暴力被害

内閣府男女共同参画局（2019）の「平成30年度若年層を対象とした性暴力被害等の実態把握のためのインターネット調査」を紹介する。アイドルやモデル等の募集広告を見て応募し契約したことがある人（339人）のうち，同意していない性的な行為等の写真や動画の撮影に応じるよう求められたことがあるのは30.7%であった。撮影に応じた経験のある97人に，現在困っていることを聞いたところ，「家族や友人に知られ，人間関係に支障をきたしている／きたすのではないかとおびえている」（17.5%）が最も高く，次いで「性的な行為等の画像や動画がインターネット等に流出し，回収できないことに困っている」（14.4%），「心身に不調をきたしている」（14.4%）であった。警察や法テラス，公的な相談機関（男女共同参画センター，配偶者暴力相談支援センター，性犯罪・性暴力被害者のためのワンストップ支援センター，国民生活センター，法務局など）で，このような問題について相談を受けつけていることを「知らなかった」が65.6%と過半数を占めた。相談する社会的資源があることがあまり知られていない現状が浮き彫りになったといえる。

2. 犯罪被害者の心理

(1) 犯罪被害の影響

①一次被害・二次被害・三次被害

犯罪の被害に遭うという予期しない出来事は，心や身体にダメージを及ぼす。事件は人為的に起こされるものであるがゆえに，他者への信頼が揺らぎ，人間不信に陥ることもある。被害直後には犯罪被害を認めたくない気持ち（否認）も働く。混乱した状態になり，日ごろとは異なる行動をとることもある。犯罪被害に遭った被害者は，いつもと違う精神状態になるのが当然であるということを前提に関わることが必要である。

中島（2008）は，犯罪被害の影響を大きく2つに分けている。1つは被害による直接の障害であり，もう1つは被害により新たに生じる負担である。直接的な障害とは，身体的負傷や精神的衝撃，財産の被害などのことである。また，新たに生じる負担とは，休職や休学，収入の減少，医療や裁判関係の費用の出費などによる生活上の困難などであるとしている。

大谷（2010）は，第一次被害者化とは犯罪行為などによって直接被害を受ける過程のこと，第二次被害者化はその第一次的被害に関連して受ける被害のことを指すとしている。被害者の知人や刑事司法，メディア関係者から受ける被害者の精神的負担や苦痛などがあり，その影響を受けて，社会復帰できない状況を第三次被害者化としている。

被害者は，事件直後から多くの負担を強いられる。精神的ショックが大きい中でも，現実的にはさまざまな手配や手続きなどを行わなければならない。メディアスクラムという集中的な取材攻勢も二次被害になりうる。最近は，被害者の人権に配慮されるようになったものの，報道によってプライバシーが世間にさらされた結果，住居や職場を変えざるを得ない状況になってしまった例もある。二次被害はさまざまに起こりうるものであるが，防止への配慮はまだ十分といえない。そのような状況で，生活に支障をきたすようになると，三次被害といえる。犯罪被害者の支援にあたる場合には，支援者ですら二次被害を与えてしまうおそれがあるということを心にしっかりとどめておくべきであろう。

②PTSD（心的外傷後ストレス障害）

犯罪被害による精神的な影響の1つとしてPTSD（心的外傷後ストレス障害）があげられる。DSM-5（APA, 2013）のPTSDの診断基準によると，心的外傷となる体験による侵入症状，回避，認知と気分の陰性の変化，覚醒度と反応性の著しい変化が主な症状とされている。さらに，それらの症状が1か月以上持続し，臨床的な苦痛または社会的，職業的，ほかの重要な機能の障害が引き起こされている場合に，医学的には「PTSD」と診断される。子どもの場合，外傷特異的な再演である「再現される遊び」としてみられることがあると述べられている。

「侵入症状」の例では，トラウマとなる体験がよみがえる（フラッシュバックという）ことがあり，事件のあった季節，現場に似た光景，何らかの匂い，何気ない言葉などが，その引き金になることがある。子どもの場合は怖い夢を見ることもある。

「事件現場の近くを通りたくない」などは，「回避」の例である。「人が信用できない」「関わりたくない」という気持ちになるのは「認知と気分の陰性の変化」の例であり，神経が高ぶってなかなか寝付けない，知らない人とすれ違うだけで緊張してしまう，などは「覚醒度と反応性の著しい変化」の例である。

事件にあった日や命日などが近づくと，精神的に苦しくなったり，体調が崩れたりすることもある。これは「記念日反応」といわれるものである。

小西（2006）は，犯罪被害者はPTSDの症状が出るのは自分が異常ではないか，弱すぎるせいではないか，と思うことがよくあると述べている。正しくPTSDの診断をし，十分な説明をしたうえで情報を与えることは，被害者を楽にする，と指摘している。

③自責感

犯罪被害当事者およびその家族（遺族を含む）は，なぜ犯罪にあってしまったのかと自分を責めることが多いといわれている（小西，1998など）。犯罪被害にあったのは自分のせいだと考え，家族を守れなかったことを悔やむこともある。犯罪にあう前に戻れないのはわかっていても，「もしあの時……」と何度も問い返し，苦しい思いをするのである。

大山（1996）は，強姦の被害者について，他の犯罪被害と比べて自責感が修正されにくいと述べている。この背景には，被害者にも被害を招く要因（「露出の多い服装をしていた」「逃げることができたはず」など）があるという，いわゆる「レイプ神話」といわれる社会通念が影響しているのではないかとしている。被害者自身も，偏見に悩まされ，自分が被害を招いたのかと考えて自責感を強くもってしまうのだろう。

被害者と接する際には，「あなたのせいではない」ということを繰り返し伝えることが大切である。しかし，実際，被害者自身がそれを受け入れることはなかなかむずかしい。そのため，被害者本人も，周囲にいる家族など親しい人も，無力感に襲われ，ともに苦しむことになる。周囲の人に心配してもらうことさえも苦痛に思ってしまう場合や，自分の苦しみは誰にもわかってもらえないと孤独感や孤立無援感に襲われてしまうこともある。被害者の抱える自責の念や罪障感を理解しつつも，自責感情には同調せずに，被害者のそばに寄り添うことが彼らの孤立感を和らげることにつながるのではないかといえる。

④喪失と悲嘆

犯罪に遭うと，多くの場合，被害者は身体的にも精神的にも大切なものが失われる。大切な家族の命が失われることもある。犯罪は人為的に起こされるものであるがゆえに，他者への信頼が揺らぎ，人間不信に陥ることもある。何より安心で安全な生活が失われる。

これらの喪失は，大きな悲嘆をもたらす。悲しみに沈みこんで，何もできなくなってしまう場合もある。逆に，被害者の中には，ゆっくり悲しむことすらままならない場合もある。感情が麻痺して泣けない人もいる。悲嘆に暮れることによって生活が成り立たなくなることを恐れ，無理をすることもある。このような悲嘆について，ヤコブスら（Jacobs et al., 2000）は「外傷性悲嘆（traumatic grief)」，ホロヴィッツら（Horowitz et al., 1997）は「複雑性悲嘆（complicated grief)」といっている。悲嘆が慢性化・長期化することは，精神的に苦痛をもたらすだけでなく，その影響が身体症状として表れ，日常生活に支障をきたすこともある。したがって，被害者の喪失や悲嘆の問題にもケアや治療的介入が必要であるといえる。

(2) さまざまな被害者

①被害者遺族

犯罪被害者のうち，殺人事件などによって家族を亡くした被害者を「被害者遺族」という。被害者遺族は，多くの場合，大切な家族を予期せぬ形で突然失う体験をすることから，精神的な衝撃はとても大きいと考えられる。

これまでの被害者遺族研究では，PTSDについてのものが多かったが，近年は悲嘆についても言及されるようになっているので，いくつか紹介する。

緒方ら（2010）は，事故および犯罪被害者遺族を対象とした調査により，外傷後ストレス症状の因子構造に男女差はないとしている。また，急性ストレス障害（ASD）とPTSDの因子構造の連続性が認められたとしている。女性のほうがPTSD症状を多く示すこと，「再体験」は，PTSDの重症度以外の要因によっても影響されることが示唆されている。

白井ら（2010）は犯罪被害者遺族の複雑性悲嘆とPTSDに関連する要因について遺族151人に調査している。複雑性悲嘆とPTSD両方に関連する要因として「女性であること」，PTSDに関連する要因として「事件の衝撃の大きさ」と「子どもの死」，複雑性悲嘆に関連する要因として，「死別後の二次被害を体験した頻度」の多さをあげている。遺族の場合，直接的な事件への暴露は低くても，主観的な恐怖や戦慄，無力感が6割以上あること，事件からの経過でPTSD症状が長期間続くことなどを示している。特に遺族が女性や親の立場で，事件の衝撃が大きい場合には，長期的な治療が必要である。複雑性悲嘆やPTSDを防ぐためには，二次被害を与えない対応が必要であるといえる。

②性犯罪被害者

性犯罪・性暴力の被害については，2017（平成29）年6月に成立した刑法の一部を改正する法律により，従来の強姦が強制性交等に改められ，被害者の性別を問わなくなった。令和元年版犯罪白書によると2018（平成30）年の強制性交等の認知件数は1,307件であり，うち女性を被害者とするものは1,251件であった。近年，性被害に関してはワンストップサービス（1か所で，警察による支援も，医療的ケア，心理支援も受けられるもの）が，各地で設置されるようになってきている。しかし，まだその数は少なく，暗数調査でも，被害を届けなかったものが80%ということから，性的被害にあったことを誰にも相談できずに，悩んでいる被害者は多いと推測される。

加藤（2011）によると，性犯罪のうちレイプや強制わいせつに絞ると，約7割が知人や顔見知りによる犯行とのことである。被害者が通報や被害届をためらう理由として，相手が顔見知りである場合には「仕返しが怖い」と述べている。さらに「自分も悪かったのではと思う」「被害のことを思い出したくない」「警察での事情聴取がつらい」等の理由があげられている。

野坂・岩切（2012）は，「男性が背後に立つと怖い」「暗がりが怖い」など，事件と類似した状況が引き金となり，著しい心理的・身体的反応を示した性被害者の例を紹介している。外部からの侵入に対する恐怖から窓を開けることができなかったり，被害時の記憶に健忘がみられたりしたとのことである。

性被害は，「人間としての尊厳を脅かす」（加藤，2011）といわれている。性犯罪被害者支援の場合には，精神科・産婦人科など医療機関との連携が重要であるとともに，被害者の尊厳を守り，意思決定を尊重した支援が望まれる。

3. 犯罪被害者の支援

(1) 犯罪被害者支援施策

わが国における被害者支援は，1991年に「犯罪被害給付制度発足10周年記念シンポジウム」において，被害者自身によって精神的援助の必要性が強く指摘されたことから，1992年に日本で初めて「犯罪被害者相談室」が東京医科歯科大学に設置された。その後，「被害者支援団体」が各地に設立され，1998年に「全国被害者支援ネットワーク」が組織された。

2000（平成12）年５月にはいわゆる犯罪被害者保護二法が成立した。2004年に犯罪被害者等基本法が成立し，2005（平成17）年に犯罪被害者等基本計画が策定された。法律ができたことにより，犯罪被害者の精神的健康の回復が国の責務として掲げられたのである。2016（平成28）年からの第３次犯罪被害者等基本計画の下，損害賠償命令制度の創設や犯罪被害給付制度の拡充，被害者参加制度，少年審判の傍聴制度等の創設等が行われた。地方公共団体においても，総合的対応窓口の設置や，犯罪被害者等に関する条例の制定等が行われている。犯罪被害者やその遺族など，当事者の意見を反映し，犯罪被害者等のための施策が大きく進展してきたといえる。しかし，まだまだ支援が不十分な面も多く，被害者へのさらなる配慮が必要である。

(2) 被害者による支援の評価

さまざまな被害者支援の施策がとられるようになってきている中で，被害者自身はそれをどのように捉えているのだろうか。

警察による犯罪被害者施策の有効性について，白岩ら（2017）は，交通事犯や殺人などの遺族244名を対象に調査をしている。警察官による「情報提供」「配慮」「捜査」について評価を求めたところ，被害者支援施策が増えた年代が進むにつれて，被害者による評価は上がっていた。これらの評価は，警察官への遺族の信頼を促進するとともに，警察官への信頼を媒介して，遺族の心理状態（気持ちの一区切り）や司法制度への信頼を好転することを示した。ただし，交通事犯の遺族による警察の対応についての認知は相対的に低いことが示されている。

また白岩ら（2018）は，実際に被害者参加制度・意見陳述制度を利用した遺族98名による評価を検討している。「自分の心情・意見を直接伝えられる」「思考や気持ちの整理につながる」という肯定的な評価の一方で，「自分の話を被告人や裁判官がどう受け止めたのかわからない」「専門家や経験者による支援があればよかった」などの否定的評価もあった。そんななかで特に，被害者参加制度を利用した遺族は「尽力感」が高かったとしている。両制度は，被害者の司法上の権利の保障を目的としているが，自分の気持ちや意見を限られた時間で述べるのはむずかしく，かなりの労力を使うと考えられる。それでも故人のために力を尽くしたと感じることができれば，遺族は（事件の）「その後」を生きていくための新しい力を得ることもできると述べている。

被害者の立場から支援施策を評価することは重要であり，どのような支援施策が被害者に役立つのかという検討を行うことで，さらなる施策の拡充にもつながるといえるだろう。

4. 被害からの回復

(1) 治療的介入

被害者にはそれぞれの状況によって，さまざまな心身の症状が示される。医学的な介入としては，さまざまな症状に対応した治療が行われる。精神科関連でいえば，睡眠導入剤，抗うつ剤などのように，症状に合わせた薬物療法が行われることが多い。頭痛などの身体症状として示される場合もあり，いずれにしても何らかの症状がある場合には，早めに症状に合う診療科および精神科などの医療機関につなぐことが重要である。

PTSDの治療については，薬物療法のほかに，近年，その治療法の１つである長時間曝露療法（prolonged exposure therapy：PE法）の効果が実証されてきている。わが国でも，野坂ら（2012）が，身体的暴力と性暴力による犯罪被害に遭った女性にPE法を実施した例を紹介している。PTSDの心理教育や，実生活内暴露，想像暴露，宿題などからなるプログラムを15回行い，３か月後，６か月後のフォローアップでの評価によると，PTSD症状はほぼ消失したとしている。ただし，うつ症状や睡眠障害は残存し，日常生活の質は十分改善したとはいえなかったと述べている。

板倉（2019）は，犯罪被害者への心理支援として臨床上の工夫をしながらPE法を実施した例を紹介している。被害者には回避による悪循環があったため，心理教育に加えて，家族など周囲のサポート源を強化し，周囲が被害者を支える環境が整ったところでPE法を実施したと述べている。

PE法は一定の効果があるといえるが，喪失体験からの回復や，悲嘆や解離をともなう場合などには，心理社会的なサポートや環境調整が重要であるといえるだろう。

(2) 心理的ケア

被害者の心のケアという意味では，医療的ケアだけでなく，さまざまな心理支援が行われることが多い。ハーマン（Herman, 1992／中井（訳），1997）は，心的外傷（トラウマ）からの回復を３段階に想定し，「安全の確立」「想起と服喪追悼」「通常生活との再統合」の順で螺旋状に進むことを示している。

長井（2004）は，被害者に対する心理的支援について，「精神的支援，事務的な支援，法律的な支援，医療的な支援等々を含む多様な種類の支援をさす」としている。そして被害者が必ずしもカウンセリングを必要としているわけではない，とも述べている。

中谷（2005）は民間犯罪被害者支援団体における心理的支援について，被害者や家族は一時的に自己コントロール感を崩しやすくなることから，必要なときに心理教育的支援を提供できることが重要であるとしている。精神的支援に限らず，被害感情を克服する手段としての司法制度理解や経済的支援の情報も，被害者遺族の安心感や自己コントロール感の回復につながるとしている。

実際に被害者への心理的支援を行う場合には，被害者の置かれている状況や事件後の経過（加害者が逮捕されたのか，公判の経過はどうなっているか，等々）について知っておき，事情に合わせた配慮をすることが必要である。

大谷（2010）は，被害者は「自らの意味・価値・主体性が及ばない事態＝〈被害〉のなかにいる」と述べている。「被害者を前提としてその支援者が存在している」とし，「被害者が被害を意味づける過程そのものを支援せねばならない。被害を意味づけする過程にいる被害者の在り様そのものに配慮する姿勢・態度が必要になる。その態度がケアになる」と述べている。

被害者への支援に向き合うとき，支援者側のありようそのものも問われるといえるだろう。

(3) 被害当事者グループ

前田（1999）は被害当事者による自助グループについて，同じ体験をもつ人同士が交流する場を設けることは，心理的援助になると述べている。仲間意識が互いに大きな支えになり，見通しがもてたり，より広い視野から自分をみられるようになったりするとしている。一方でそのむずかしさについても言及し，同じ体験をもつ者でも，異なった意味を見出していると述べている。また，心理的回復を目指すことと，外部への活動（被害者の法的地位を向上させるために社会に働きかける運動や講演などを含む）をすることは別であることが望ましいとしている。社会的活動をする被害者の中には，悲嘆のプロセスを十分経ないまま，時には喪失を否認したままの状態の人がいることも指摘している。

太田ら（2018）は，社会的な活動を行っている犯罪被害者遺族14名に半構造化面接および質問紙調査を行い，被害者のレジリエンスを検討している。その結果，①他者への不信感と信頼感の間で揺れ動く段階，②意味を探求する段階，③故人とともに新たな人生を切り開く段階，という循環プロセスの3段階があるとしている。社会的活動を行っている遺族といえども，「トラウマ反応」や「喪失にともなうネガティブな感情」が存在する可能性を示唆している。

被害当事者のグループは被害からの回復に役立つといえるが，傷つきを抱えた人の集まりでもあるため，心理の専門家などがそれらに十分配慮しながらサポートに入ることが望まれる。

5. まとめ

犯罪被害に遭うということは，それまでの人生を一変させてしまう大きな出来事である。それでも被害者は毎日の生活を送っていかねばならない。事件に遭ったことを忘れたいと思う反面，事件を忘れてほしくない，風化させたくない，という気持ちがあるとも聞く。被害者に「事件の終わり」はないのかもしれない。犯罪被害者への支援を考えるとき，我々は，被害者の心の揺れ動きを理解しつつ，中長期的な支援を視野に入れていく必要があるだろう。自らの意志と関係なく事件に巻き込まれることは，人としての主体性が脅かされたともいえる。したがって被害者の主体性の回復ができるよう，被害者の意志を尊重し自ら選択していくことをサポートすることが大切である。支援に関わるものとして，少しでも被害者の心に寄り添えるよう研鑽を積んでいきたい。

2節　犯罪予防

これまでの章では，犯罪原因，犯罪捜査や裁判，再犯に関するトピックスをみてきた。実は，日本の犯罪心理学ではあまり注目されてこなかったが，犯罪を未然に防ぐ犯罪予防も重要なトピックスである。極論を言えば，誰も犯罪被害に遭わないに越したことはないわけであり，未然に犯罪を予防することが重要になる。医学では，健康増進や疾病を未然に防ぐ公衆衛生や予防医学の重要性が認識されているが，犯罪心理学でも予防の重要性が認識される必要がある。

なお，本節での犯罪予防（crime prevention）とは，「実際の犯罪水準や知覚された犯罪不安を減少させるために企図された対策すべて」（Lab, 2004／渡辺ら（訳），2006）である。日本では防犯といわれることもあるが，犯罪予防と防犯とは同義と考えてよいだろう。本節ではcrime preventionの邦訳として妥当である犯罪予防で統一する。ただし，一般用語として防犯といわれる場合（たとえば，防犯パトロール）には，防犯をそのまま用いる。

1．犯罪予防の分類

一口に犯罪予防といっても，多種多様な取り組みがある。防犯ブザーの携帯など自分の身を守る行動から，公園で遊ぶ子どもの保護者による見守りなど自分以外の他者を守る行動もある。また，青色回転灯装備車によるパトロール（青色防犯パトロール），ごみの散乱をなくす環境整備など地域の安全を守る活動も考えられる。さらに，受刑者への矯正教育も出所後の再犯を予防する犯罪予防といえる。

これまでの研究では，いくつかの視点からこうした犯罪予防を分類する試みがなされてきた。研究や実務上，犯罪予防の分類を知ることは，自分が扱っている犯罪予防がどのような位置づけにあるのかを明確化できる点で重要である。ここでは，犯罪予防の２つの分類についてみてみよう。

(1) 犯罪の１次予防・２次予防・３次予防

ブランティンガムとファウスト（Brantingham & Faust, 1976）は，犯罪予防の取り組みを，公衆衛生パラダイムをもとに３つのアプローチに分けている（図５-１）。

一次予防（primary prevention）とは，一般社会で犯罪を誘発する物理的・社

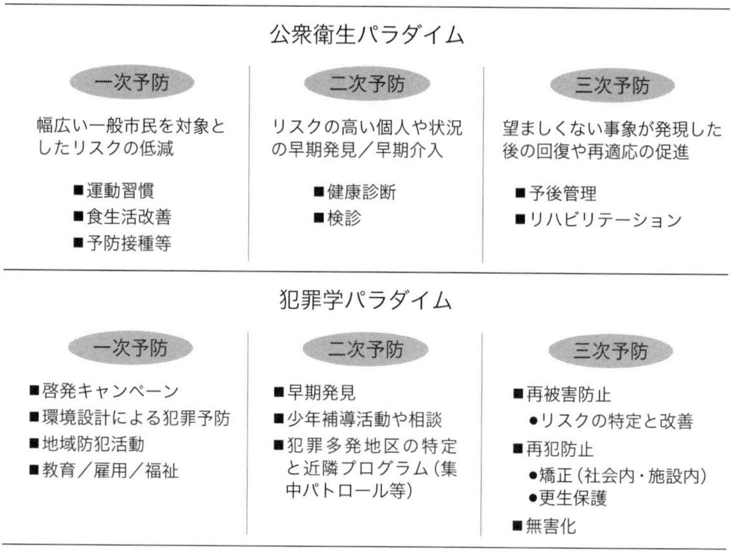

公衆衛生パラダイム

一次予防	二次予防	三次予防
幅広い一般市民を対象としたリスクの低減	リスクの高い個人や状況の早期発見／早期介入	望ましくない事象が発現した後の回復や再適応の促進
■運動習慣 ■食生活改善 ■予防接種等	■健康診断 ■検診	■予後管理 ■リハビリテーション

犯罪学パラダイム

一次予防	二次予防	三次予防
■啓発キャンペーン ■環境設計による犯罪予防 ■地域防犯活動 ■教育／雇用／福祉	■早期発見 ■少年補導活動や相談 ■犯罪多発地区の特定と近隣プログラム（集中パトロール等）	■再被害防止 ●リスクの特定と改善 ■再犯防止 ●矯正（社会内・施設内） ●更生保護 ■無害化

▲図5－1　犯罪予防の3つのアプローチ（Brantingham & Faust, 1976; 小俣・島田, 2011より作成）

会的環境を改善することに向けられた活動である。たとえば，環境を設計することよる犯罪予防やコミュニティでの予防活動，これらの活動を促す情報発信（広報・啓発），そして社会施策としての失業，貧困，雇用・職業訓練などが含まれる。一方，二次予防（secondary prevention）とは，犯罪を行う可能性の高い個人や集団を早期に把握し，それらに早期に介入することに向けられた活動である。これには，街頭での少年補導活動や相談活動，犯罪多発地区での集中パトロールなどが含まれている。そして，三次予防（tertiary prevention）とは，すでに罪を犯してしまった者への再犯防止に向けられた活動である。たとえば矯正教育，職業訓練などのリハビリテーションなどがあげられる。

犯罪予防は，一次予防，二次予防，三次予防と分類することができるが，段階が進むほど対象者がより狭い範囲に絞られていく一方，介入がより深い，高密度なものになっている。犯罪予防に割ける社会的な資源は有限であることを踏まえると，この分類は有限な資源を効率的に配置するために考えられた合理的な枠組みであるといえる。

(2) 状況的犯罪予防・コミュニティ犯罪予防・発達的犯罪予防

トンリィとファリントン（Tonry & Farrington, 1995）は，犯罪予防として行われる活動の目的や標的の違いから，犯罪予防を3つのアプローチに分けている。1つ目は状況的犯罪予防である。これは，多くの犯罪は文脈的，機会的，そして状況的であるという前提に基づき，文脈を変えることで犯罪機会を削減しようとする取り組みである。たとえば，空き巣は無施錠のドアから盗みに入ることが多いことから，ドアの鍵を閉めたり，窓のシャッターを下ろしたりして，犯罪機会を削減しようとする犯罪予防が含まれる。2つ目はコミュニティ犯罪予防である。コミュニティにはそれぞれの犯罪率があり，それは居住人口の時間的な変化に依存しない。それゆえに，特定の個人が犯罪をするかどうかは，しばしば，確率論的にどこに住んでいるかに関連しているという前提に基づくものである。コミュニティ犯罪予防には，自然監視性を増やすための近隣デザイン，コミュニティの物理的環境の改善，犯罪予防への住人の主体的な取り組みを可能にするコミュニティの構築などが含まれる。3つ目は発達的犯罪予防である。これは個人の発達過程での非行化リスクを削減することで，将来の犯罪や反社会的行動を予防しようとする取り組みである。発達的犯罪予防には，保護者の子育てスキルや子どもの心理的・身体的健康，学業成績の改善，そして児童虐待リスクの削減などを通して，後の犯罪行為を起こさせないことなどが含まれる。

小俣・島田（2011）によれば，状況的犯罪予防は犯罪の「近い原因」を，発達的犯罪予防は犯罪の「遠い原因」を除去することを意味する。その意味では，コミュニティ犯罪予防は「中間的な原因」を除去すると考えてよいだろう。

2. 犯罪予防の理論

犯罪はどこで起こるのだろうか。どうすれば犯罪を防ぐことができるのだろうか。犯罪予防を理解するためには，まずは従来の理論を知ることが重要である。ここでは，犯罪の一次予防の視点に立ち，一般的な環境を改善することで犯罪を未然に防ぐことを強調した環境犯罪学的理論を取り上げよう。

(1) 日常活動理論

我々のライフスタイルと犯罪機会とが関連するという点を強調したのが，コーエンとフェルソン（Cohen & Felson, 1979）の日常活動理論（routine activity theory）である。日常活動理論では，罪を犯そうとする者が一定数社会に存在することを前提に，動機づけられた犯行企図者（likely offenders），格好の標的（suitable targets），有能な監視者の不在（absence of capable guardians）という3つの条件が時空間的に同時に存在する場合に犯罪が起きる（起きる可能性が高くなる）と考える（図5-2）。例をあげれば，子どもを狙った犯行を企図した者が，下校中に一人で歩く子どもを見かけ，見守りをする大人がいないような状況で犯罪が起こる（起きる可能性が高くなる）と考えるわけである。

日常活動理論に基づくと，犯罪を予防するためには，3つの条件が時空間的に同時に存在しないようにすることが重要である。たとえば，動機づけられた犯行企図者を削減するために，法を整備したり，再犯防止のための教育を行ったりすることなどが考えられる。ただ厳密には，動機づけられた犯行企図者はどこに存在するかわからないわけだから，格好の標的を減らすこと，有能な監視者を適切に配置することを考える必要がある。この場合の格好の標的を減らすとは，標的になる人口を削減することではなく，たとえば，防犯グッズを携行することで対象者を強化し，「格好の」標的にならないようにすることを意味する。また，有能な監視者を増やすことはもとより，標的になりえる対象がどこにいる（ある）

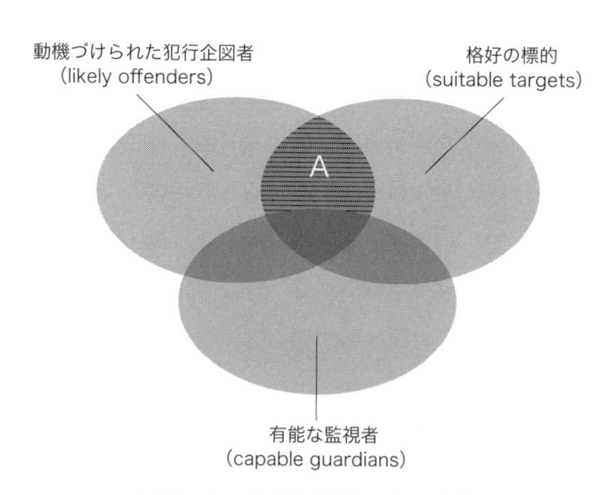

▲図5-2　日常活動理論の3つの要素

図は動機づけられた犯行企図者，格好の標的が存在し，有能な監視者が不在であるAの領域で犯罪が起こる（起こりやすい）ことを意味する。

のかを把握し，有能な監視者を標的となりえる対象の近くに配置することも重要になる。

(2)「犯罪の三角形」モデル

先に示した日常活動理論を拡張したモデルが，クラークとエック（Clarke & Eck, 2003）の「犯罪の三角形（crime triangles）」モデルである（図５－３）。図５－３に基づいて，もう少し詳細に説明しよう。図５－３で内側の三角形には，犯罪が起きる要件が配置されている。また，外側の三角形は，犯罪が起きる要件に対応したそれぞれを統制・監督するものが描かれている。すなわち，犯行企図者，標的／被害者，場所が時空間的に同時に存在し，それぞれを適切に統制したり，監督したりする行動規制者，監視者，管理者のいずれの主体も適切に機能しない場合に，犯罪が起きると考えるのである。

このモデルでは，犯罪が起きる要件のうち犯行企図者，標的／被害者の点では日常活動理論と同じ想定がなされている。一方，このモデルでは有能な監視者の不在が場所に置き換わっている点で，日常活動理論よりも，犯罪や犯罪予防における場所の重要性を強調するものである。それに加え，監視者・統制者を細かに示している点で，有能な監視者をより詳細に想定している。

▲図５－３　「犯罪の三角形」モデル（Clarke & Eck, 2003より作成）

(3) 犯罪パターン理論

ブランティンガムとブランティンガム（Brantingham & Brantingham, 1981）が提唱したものが，犯罪パターン理論（crime pattern theory）である。この理論では，犯罪は時空間的にランダムに起こるのでも，均一に起こるのでもないこと，犯罪は地域や社会集団，個人の日常活動，個人の生涯においてランダムに，あるいは一様に起こるわけではないことを前提とする。つまり，さまざまな場所や人で犯罪のリスクが確率的に等値であるわけではなく，犯罪が発生しやすい場所（ホットスポット）や反復的に被害に遭うケース（反復被害）が存在するということである。

それでは，犯罪はどこで起こるのだろうか。我々は日常活動を何気なく行っているが，そこには一定の時空間的な移動パターンがある。自分の行動を振り返ってみよう。住居，職場や学校，店舗や遊び場など一定の場所を高頻度で訪れていることに気づかれるだろう。この時，住居，職場や学校などの場はノードと呼ばれ，ノードを結ぶパスから我々の生活は表現できる。これは我々だけではなく，犯罪者も同様である。犯罪者は常に犯罪を行っているわけではなく，我々と同様に一定のパターンをもった日常生活を送っている。犯罪パターン理論では，犯罪が起こるのは，我々の活動パターンと犯罪者の活動パターンとが重なる場所であると考えるのである。犯罪者は，犯罪への意思決定を繰り返す中で各自の犯罪テンプレートを形成しており，日常生活を送る中で何かの引き金（たとえば，狙いやすい対象者（物）を見つけた）によって犯罪テンプレートが活性化する場合に，犯罪に至るわけである。

この考え方に基づいて犯罪予防を考えると，まずは標的となりえる者の活動パターンを把握することが必要となる。犯罪者と標的となりえる者の活動パターンが重なる場所で犯罪が起こるならば，標的となりえる者がどこで活動しているのかを把握することが大前提になるからである。

(4) 割れ窓理論

割れ窓理論（broken windows theory）とは，ウィルソンとケリング（Wilson & Kelling, 1982）によって提案された地域環境に基づいた犯罪理論である。この理論は，ジンバルド（Zimbardo, 1969）がニューヨークのブロンクスとカリフォルニアのパロアルトにおいて実施した放置自動車がいかに犯罪被害に遭うかを問うた実験に礎がある。割れ窓理論が主張するのは，地域内での軽微な犯罪や秩序違反を放置することが，犯行企図者にとってはその地域が犯罪や秩序違反に無関心であることの象徴になり，一方では住民がその地域をますます忌避することにより，後々により重篤な犯罪が発生することを助長するという点である。

日本では，割れ窓理論は学術的にも実務的にもよく知られ，この理論に基づいた施策もなされている。一方，割れ窓理論の科学的根拠に関しては議論の途上にある（Wagers et al., 2008）ことは，このあまり知られていない。たとえば，ニューヨークで割れ窓理論に基づいた，軽微な秩序違反や軽犯罪でも厳格に罰する寛容性を許さない政策（ゼロ・トレランス政策）を実施したところ，犯罪が減少したという例が割れ窓理論を論じる際にしばしば取り上げられる。この例からは割れ窓理論が効果的に思えるが，一方でこの時期に実施された別の政策や社会経済的影響が犯罪を減少させた可能性があるともいわれる。割れ窓理論に基づく介入が，犯罪や犯罪不安の抑制に効果をもつという明確な科学的根拠を示すような研究が待たれるところである。

3. 犯罪予防を導く犯罪リスク認知や犯罪不安

これまで，犯罪が起こる環境や状況を強調して犯罪予防をみてきた。ここからは，実際に行動を行う個人に注目して犯罪予防を考えてみよう。犯罪予防には多様な行動や活動が含まれるが，そこに共通するのは，被害のリスクを予防するための行動であるという点である。なぜならば，将来的に予想される被害のリスクがなければ，予防ということ自体が意味をなさないからである。我々は犯罪のリスクをどのように捉え，そこに何を感じているのであろうか。

(1) 犯罪リスク認知と犯罪不安

犯罪リスク認知とは，犯罪の被害に遭う確率や被害の程度に対する主観的な見積もりである（小俣・島田，2011）。一方，犯罪不安は，犯罪や犯罪を連想するようなシンボルへの恐れや不安など感情的な反応とされる（Ferraro, 1995）。両者は似たものに思われるが，前者は被害に関する認知判断を，後者は被害への感情反応を表している点で異なる。ただし，両者は概念的に異なるとしても，犯罪リスク認知が高いほど，犯罪不安も高くなるという関係があることが知られている（柴田・中谷内，2019）。

それでは，我々は犯罪のリスクを正確に判断し，リスクの高さに応じた適切な不安を感じ，さらにリスク推定や不安感情にあった予防行動をとっているのだろうか。日本では，小学生や大学生を対象とした調査などで，犯罪不安と犯罪予防との関連が示されている（たとえば，藤井，2010; 笹竹，2008）。一方で，欧米では，我々は被害のリスクが高いと認知し，被害に不安を感じても，必ずしも最悪の結果を予防する行動をとらないことも知られている（Giblin, 2008）。こうした矛盾が生じる理由はよくわかっていないが，可能性の1つは我々が必ずしも客観的なリスクに応じたリスク認知をしているわけではなく，さまざまな認知のバイアスをもっているためであると予想される。

(2) リスク認知のバイアス

我々がもつリスク認知のバイアスの1つを知るには，カーネマンとトゥベルスキー（Kahneman & Tversky, 1979）のプロスペクト理論に含まれる確率加重関数を知ることが役に立つ。確率加重関数とは，我々は発生確率が低い事象を過大評価し，発生確率が中・高確率である事象を過小評価すると予測するものである。実際，さまざまなハザード（潜在的危険性）の発生数を推定させた研究では，発生頻度の低いハザードは実際の発生数より多いと判断され，発生頻度が高いハザードは実際の発生数より少ないと判断される（Lichtenstein et al, 1978）。この現象は犯罪でも起こることがわかっている。大学生と警察官に各罪種の発生頻度を推定させた中谷内・島田（2008）の研究では，大学生は発生頻度が低い殺人や誘拐などの発生頻度を過大に推定し，発生頻度が高い窃盗や空き巣などの発生頻度を過少に推定することが示されている（図5-4）。

2つ目の認知の歪みは，楽観バイアスである。ウェインスタイン（Weinstein, 1989）によれば，我々は自他を比較し，ネガティブな出来事は他人に起こりやすく，自分には起こりにくいと考えがちである。つまり，楽観バイアスを働かせると，自分は犯罪の被害に遭わないと思いやすく，結果的にリスク推定を誤ってしまう。しばしば，犯罪被害に遭ってしまった人から「自分は被害には遭わないと思っていた。自分は大丈夫と思っていた」という言葉を耳にする。まさに，楽観バイアスの所業である。

3つ目の認知の歪みは，確証バイアスである。我々には，自分の考えにあった情報ばかりに目を向けてしまい，自分の考えを否定する情報を無視する傾向があ

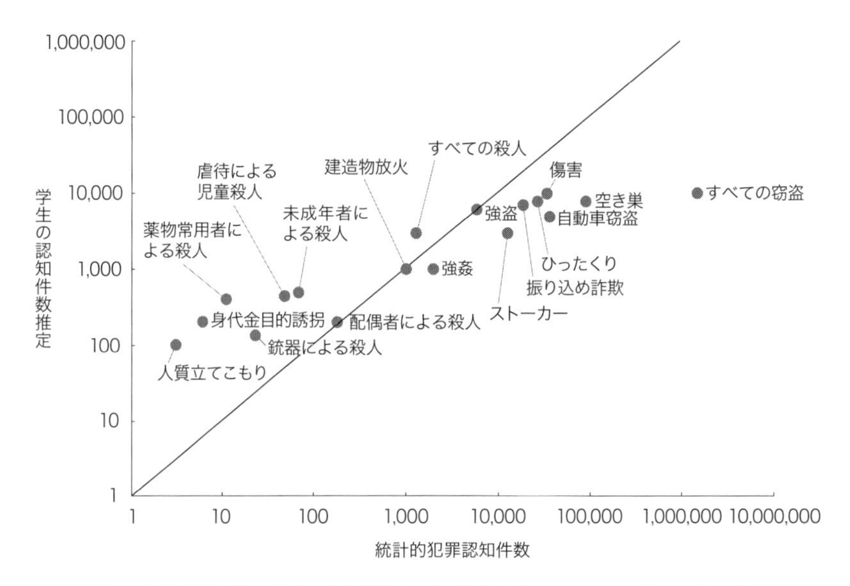

▲図 5-4　大学生における各罪種の認知件数の推定値（中谷内・島田，2008）

縦軸は認知件数の推定値，横軸は実際の認知件数を表す。図中の斜めの実線は，実際の認知件数と認知件数の推定値が一致していた場合の予測線。

る。たとえば，自分は犯罪の被害には遭わないと楽観的に考えると，それに合致した自分の危険性は低いという情報，あるいは自分の危険性を積極的に低く見積もるための情報にばかり目を向けてしまう。これによって，我々はますます自分のリスクを過小評価するようになるのである。

このように，我々はいくつかの認知バイアスをもつが，これらがすべて悪なのではなく，適応的な意味もある。もし我々にこうしたバイアスがなく，常にリスクを最大限に見積もるような心理的な作用があったとすれば，安全にはなるかもしれないが，おそらくひと時も気が休まらない。時に，楽観的に考えることで，我々は心の安寧を守っていると考えられる。

4. 犯罪予防は効果があるのか

犯罪予防は，当然，犯罪を予防する効果をもつと予想されるが，果たして効果は科学的に実証されているのだろうか。以下では，犯罪発生数や犯罪不安の減少を効果として，これまでの研究をみてみよう。

(1) 犯罪予防の犯罪削減と犯罪不安削減効果

犯罪発生数や犯罪不安の減少をもって，犯罪予防に効果があるとみなした場合，実はその効果はよくわかっていない（小俣・島田，2011）。それどころか，科学的な根拠がないにもかかわらず，犯罪予防の行動や活動には何らかの効果があるという神話的な前提で行動が奨励されることがある。近年では，こうした状況に待ったをかけるべく，犯罪予防でも根拠に基づく実務（evidence-based practice）が叫ばれるようになってきた。

その流れを受け，欧米では犯罪予防の効果検証がなされ始めている。たとえば，ピザら（Piza et al., 2019）はこの40年間に実施された実証研究のメタ分析を通して，街頭防犯カメラの設置は特に駐車場や住宅地で特定の罪種を減少させる効果をもつと結論づけている。また，ベネットら（Bennett et al., 2006）は，1977年から1994年までに実施された実証研究のメタ分析を通して，近隣監視活動は犯罪を削減する効果をもつことを示している。ほかにも，文献レビューを通して，犯罪予防には一定の犯罪削減効果があることが示されているが（たとえば，万引き防止対策（Sidebottom et al., 2017），路地対策（Sidebottom et al., 2018），街路の照明（Farrington & Welsh, 2002）を参照），一方でメタ分析やレビューの対象となる論文の質が低いという問題があげられている。日本ではさらに後れを取っており，犯罪予防の質の高い実証研究は皆無である。今後，日本においても犯罪予防の効果研究が積極的に行われることが推奨される。

一方，犯罪予防は地域住民の犯罪不安を緩和する効果があることが知られている。たとえば，ノリスとカニアスティ（Norris & Kaniasty, 1992）は３つの時点での縦断調査を通して，１時点目に警戒（vigilance）をすることが多いほど，３時点目の犯罪不安が低くなることを明らかにしている。つまり，この研究は，犯罪予防を行うことが人々の安心感の醸成につながることを示している。

(2) 転移と拡散

犯罪予防の効果を考える場合，「犯罪が減った，犯罪不安が減った」という点だけでなく，考慮すべき現象がある。それが，転移（crime displacement）と拡散（diffusion of benefits）という現象である。転移とは，犯罪や犯罪不安が犯罪予防の行動や活動に反応して，時空間的に移動したり，内容的に変化したりする現象である。転移にはいくつかの種類があることが知られている。レペット

▼表5－1　転移のさまざまな形態（Lab, 2004／渡辺ら（訳），2006より改変して作成）

地理的転移（territorial displacement；空間的転移 spatial displacement） 犯罪がある地域から別の地域（一般に隣接する地域）に移動すること。 例：近隣監視活動が始まってから，侵入盗が隣接する地域に移った。
時間的転移（temporal displacement） ある時間から別の時間（昼間から夜間になど）に犯罪が移ること。 例：防犯パトロールが夜間に始まったため，侵入者は早朝に犯罪をするようになった。
戦術的転移（tactical displacement） 同一罪種の犯行に新しい手口を用いること。 例：最新の鍵をドアに設置した結果，侵入盗が窓から入らざるを得なくなった。
犯行対象の転移（target displacement） 同一地域の別の対象を選ぶようになること。 例：近隣監視活動が始まったが，参加世帯は半分だけなので，参加していない世帯が狙われるようになった。
機能的転移（functional displacement） 犯罪者がある犯罪をやめて別の犯罪に移ること。 例：施錠習慣が改善して侵入盗がやりにくくなったので，強盗をすることにした。
加害者の転移（perpetrator displacement） ある犯罪者が活動をやめ，別の犯罪者が取って代わること。 例：地域活動の強化により，ある犯罪者は犯罪をやめたが，別の犯罪者が犯罪を始めた。

(Reppetto, 1976)，バーとピース（Barr & Pease, 1990）が示した6つのタイプの転移をまとめたものが，表5－1である。一方，拡散とは，犯罪予防のための介入の効果が，直接的に対象となった場所や個人，犯罪，あるいは介入を行った期間以外にまで及ぶことをいう。

これらの現象が意味することは，犯罪予防の効果を考える場合に，実施した対策の副次効果を考える必要があるということである。たとえば，ある施策を実施した際に，施策を実施した地域では犯罪が減ったが，隣接地域で犯罪が増えてしまった（隣接地域に犯罪が転移した）としたら，その対策は果たして効果があったといえるだろうか。犯罪予防の効果を見極めることがむずかしいのは，しばしば転移や拡散が起こるためでもある。

5．いかに犯罪予防を奨励するか

ここまで，犯罪予防に関する基礎的な知見をみてきた。本節の結びとして，犯罪予防をいかに奨励するかを考えてみよう。驚くなかれ，2018年の1年間におこった自転車盗の中で，施錠をしていない状態で被害に遭っている割合は実に約60％（183,879件中111,116件）に上る（警察庁，2019）。これを逆に考えれば，施錠を奨励するだけで理論上10万件以上の犯罪が防げることになる。

こうした現状は，警察や役所などの公的機関も把握しており，情報発信を通して積極的に犯罪予防を奨励している。研究上でも，女子大学生の夜間のイヤホンを外すこと（島田・荒井，2012）や自転車への二重での鍵かけ（島田・荒井，2018）を対象に実験が行われている。これらの研究では，説得的コミュニケーションの1つである脅威アピールを用いて各行動を奨励し，行動変容の有無を調べている。結果的に，情報発信によってイヤホンを外して歩いたり，自転車に二重での鍵かけをしたりという行動を奨励する効果がみられることが報告されている。

犯罪予防が犯罪や犯罪不安の削減に効果的かどうかという次元で効果を検証するだけではなく，公的機関による情報発信が市民の行動変容に役立っているのかという次元で効果を検証することもまた重要である。なぜならば，犯罪を予防するためには，限りある資源を効果的・効率的に分配する必要があるからである。いずれにしても，科学的根拠を積み重ねることが必要である。

Column 9　家庭内紛争と法律

「法は家庭に入らず」という格言がある。家庭内のことは家父長の権限が絶対で，国家といえども干渉しない，という意味である。しかし，近年，法律が家庭や子育てに介入するのを促すともいえる仕組みができてきている。

1990年に発効した国連「子どもの権利条約」を，日本は158番目の締約国として，1994年５月に批准した。その後，条約が与えてきたよい影響が十分であるかについてはさまざまな意見があろうが，いくつかの国内法が，改正・成立に至ったのは確かである。

2012（平成24）年の民法改正では，協議離婚時に話し合うべき「子の監護について必要な事項」として，親子の面会交流，子の監護に要する費用の分担等が具体的に列挙され，「子の利益を最も優先して考慮すること」が条文中に明示された（第766条）。そのことに連動し，協議離婚届にも，面会交流と養育費分担について取り決めをしたかどうかをチェックする欄が新設された。法務省は，協議離婚時に作成する「子どもの養育に関する合意書」の書式やリーフレットを公開し，最高裁判所も，養育費算出の目安となる算定表をHPに掲載している。

2013（平成25）年施行の「家事事件手続法」は，家事審判法を廃し，家庭裁判所における家事調停・審判の手続きを整理した法律であるが，手続きの渦中にある子の意思を，「適切な方法で把握し，子の年齢及び発達の程度に応じて考慮」することを明記した（第65条）。また，子の手続き参加に際し，裁判所が弁護士を「子どもの手続き代理人」として選任する制度も新設された（第23条）。

2014年１月に，日本は「国際的な子の奪取の民事上の側面に関する条約」（ハーグ条約）に加盟し，国境を越えて連れ去られた子の返還と面会交流についての援助を行う正式なルートが定められた。日本の「中央当局」として実施にあたる外務省は，困難ケースは多いが，有効に機能していると自負している。

国際条約と国内法との整合は困難なときがある。ひとの生活を扱う法律は，その国の文化を酌んでいるからである。「子どもの権利条約」も，日本政府が解釈宣言・留保をしている条項が残っている。グローバルな視野をもち，ダイバーシティを肯定することは抗う余地のない通念となりつつある。それにより，救われるひとがある一方，紡いできた何かが切られていくこともある。新しい理念が，家庭や子育てに介入し，よりよい解決を実現するには，隙間をうめる支援者の力が欠かせない。心理学の叡智が，その担い手の武器になるとよい。

Column 10　学校との連携

◎非行相談における学校の役割

非行相談では，子どもの行動の背景を理解し，支援体制を調整したり，周囲の環境を整えたりすることが大切である。教育・福祉・司法・医療などの領域を横断した多機関連携が必要であり，それぞれの機関が専門性を発揮しながら子どもを支援することが求められる。たとえば，学校，児童相談所，警察（少年サポートセンター），病院などが積極的に連携を図りながら支援を行っていく。

こうした連携機関の中でも，学校の強みは，子どもと身近に関わりながら支援することができるところだと思われる。また，犯罪や非行を未然に防ぐためには，地域社会が子どもに理解を示し，適切な支援が提供される必要がある。

そのため，非行相談において，日常的に子どもに直接的に関わり，地域の住民や関係機関との連携・啓発を行うことができる学校の果たすべき役割は非常に大きいといえる。

◎ネットワークによる支援

地域におけるネットワーク支援の枠組みとしては，市町村に設置される要保護児童対策地域協議会がある。その目的は，地域の関係機関などの連携を促進することであり，主な構成メンバーは，児童相談所，市町村の児童福祉，母子保健等の担当部局，家庭児童相談室，民生・児童委員，保育所，学校，教育委員会，警察，保健所，医療機関などである。

要保護児童とは，①保護者に監護させることが不適当であると認められる児童および②保護者のない児童のことであり，虐待を受けた子どもだけではなく，非行児童なども含まれる。個別のケースに関する情報交換や支援内容の協議を行うことを念頭に，調整機関や要保護児童対策地域協議会の構成員に対する守秘義務が設けられており，①代表者会議，②実務者会議，③個別ケース検討会議の三層構造で運営されていることが多い。

非行相談を扱うネットワークとしては，要保護児童対策地域協議会のほかに，学校・教育委員会が調整役となっているものや，警察が調整役になっているものも存在する。非行相談では，子どもが抱える問題に応じて適切に対応できるネットワークを活用することが肝要であり，学校との連携を含め，日頃から支援ネットワーク構築に努めることが重要である。

文 献

◆第１章

荒井崇史　2013　犯罪不安と一般的信頼との関連―犯罪被害に対する楽観視との比較を通して―　犯罪心理学研究, **50**(1), 15-25.

Boyatzis, R. E. 1998 *Transforming qualitative information: Thematic analysis and code development*. Sage Publications.

Elliot, D. S., & Ageton, S. S. 1980 Reconciling race and class differences in self-reported and official estimates of delinquency. *American Sociological Review*, **45**(1), 95-110.

藤江淳史　2014　がんを抱える受刑者の語りの分析　犯罪心理学研究, **52**（特別号), 84-85.

Gottfredson, M. R., & Hirschi, T. 1990 *A general theory of crime*. Stanford, CA: Stanford University Press.　大渕憲一（訳）2018　犯罪の一般理論―低自己統制シンドローム―　丸善出版

Hirschi, T. 1969 *Causes of delinquency*. Berkeley, CA: University of California Press.　森田洋司・清水新二（監訳）2010　非行の原因―家庭・学校・社会へのつながりを求めて―〔新装版〕 文化書房博文社

星　あづさ・河野荘子　2018　性犯罪者の愛着スタイルと「現在の母親」との関係について　犯罪心理学研究, **56**（1), 47-59.

法務省法務総合研究所　1989　平成元年版 犯罪白書　大蔵省印刷局

河合直樹・窪田由紀・河野荘子　2016　児童自立支援施設退所者の高校進学後の社会適応過程―複線経路・等至性モデル（TEM）による分析―　犯罪心理学研究, **54**(1), 1-12.

Kazemian, L., & Farrington, D. P. 2005 Comparing the validity of prospective, retrospective, and official onset for different offending categories. *Journal of Quantitative Criminology*, **21**(2), 127-147.

木下康仁　2003　グラウンデッド・セオリー・アプローチの実践　弘文堂

Maxfield, M. G., & Babbie, E. R. 2018 *Research methods for criminal justice and criminology* (8th ed.). Cengage Learning.

森　丈弓・津富　宏　2013　自己申告式の非行調査　浜井浩一（編）犯罪統計入門（第2版）日本評論社　pp.186-208.

守山　正・西村春夫　2001　犯罪学への招待（第２版）日本評論社

室城隆之　2012　中学生の対教師暴力からの立ち直りプロセスに関する質的研究―家庭裁判所調査官による介入事例の分析―　犯罪心理学研究, **49**(2), 1-14.

西田典之　2010　犯罪論の体系　西田典之・山口　厚・佐伯仁志（編）注釈刑法 第1巻　有斐閣　pp. 258-268.

小保方晶子・無藤　隆　2005　中学生の非行傾向行為と抑うつ傾向の関連　心理臨床学研究, **23**(5), 533-545.

岡邊　健　2010　項目反応理論を用いた自己申告非行尺度の作成　犯罪社会学研究, **35**, 149-162.

大塚　仁　2015　刑法一般　大塚　仁・河上和雄・中山善房・古田佑紀（編）大コンメンタール刑法（第三版）青林書院　pp.3-31.

裁判所職員総合研修所（監修）2017　刑法概説（八訂版）司法協会

斎藤和志　1999　社会的迷惑行為と社会を考慮すること　愛知淑徳大学論集文学部篇, **24**, 67-77.

坂元　章　2018　高野陽太郎・岡　隆（編）心理学研究法―心を見つめる科学のまなざし―（補訂版）有斐閣　pp.120-146.

白方斎来　2019　非行問題における児童自立支援施設職員の語り―問題と家族の捉え方に着目して―　犯罪心理学研究, **57**（特別号), 170-171.

Short, J. F. Jr., & Nye, F. I. 1957 Reported behavior as a criterion of deviant behavior. *Social Problems*, **5**(3), 207-213.

土屋雅子　2016　テーマティック・アナリシス法　インタビューデータ分析のためのコーディングの基礎　ナカニシヤ出版

安田裕子・サトウタツヤ 2012 TEMでわかる人生の径路―質的研究の新展開― 誠信書房
吉田俊和・安藤直樹・元吉忠寛・藤田達雄・廣岡秀一・斎藤和志・森 久美子・石田靖彦・北折充隆 1999 社会的迷惑に関する研究(1) 名古屋大学教育学部紀要, **46**, 53-73.
吉田俊和・元吉忠寛・北折充隆 2000 社会的迷惑に関する研究(3)社会考慮と信頼感による人の分類と迷惑行為との関連 名古屋大学大学院教育発達科学研究科紀要, **47**, 35-45.
Wallerstein, J. S., & Wyle, C. J. 1947 Our law-abiding law-breakers. *Probation*, **25**, 107-112.
Wilson, J. Q., & Herrnstein, R. J. 1985 *Crime & human nature: The definitive study of the causes of crime*. Free Press.

◆第２章

Agnew, R. 1985 Social control theory and delinquency. *Criminology*, **23**, 47-61.
Agnew, R. 1992 Foundation for a general strain theory of crime and delinquency. *Criminology*, **30**(1), 47-87.
Andrews, D. A., & Bonta, J. 2010 Rehabilitating criminal justice policy and practice. *Psychology, Public Policy, and Law*, **16**, 39-55.
荒井崇史・菱木智愛 2019 犯罪予防行動の規定因―計画的行動理論の観点からの検討― 心理学研究, **90**(3), 263-273.
浅野良輔・吉澤寛之・吉田琢哉・原田知佳・玉井颯一・吉田俊和 2016 養育者の養育態度が青年の養育認知を介して社会化に与える影響 心理学研究, **87**(3), 284-293.
Back, M. D., Schmukle, S. C., & Egloff, B. 2009 Predicting actual behavior from the explicit and implicit self-concept of personality. *Journal of Personality and Social Psychology*, **97**(3), 533-548.
Barlett, C. P., & Anderson, C. A. 2012 Direct and indirect relations between the Big 5 personality traits and aggressive and violent behavior. *Personality and Individual Differences*, **52**(8), 870-875.
Bartol, C. R., & Bartol, A. M. 2005 *Criminal behavior: a psychological approach.* New Jersey: Pearson Press. 羽生和紀（監訳）横井幸久・田口真二（編訳）2015 犯罪心理学―行動科学のアプローチ― 北大路書房
Becker, H. S. 1963 *Outsiders: Studies in the sociology of deviance*. New York: The Free Press. 村上直之（訳） 1978 アウトサイダーズ―ラベリング理論とはなにか― 新泉社
Capaldi, D. M., Dishion, T. J., Stoolmiller, M., & Yoerger, K. 2001 Aggression toward female partners by at-risk young men: The contribution of male adolescent friendships. *Developmental Psychology*, **37**, 61-73.
Caspi, A., McClay, J., Moffitt, T. E., Mill, J., Martin, J., Craig, I. W., Taylor, A., & Poulton, R. 2002 Role of genotype in the cycle of violence in maltreated children. *Science*, **297**(5582), 851-854.
Crick, N. R., & Dodge, K. A. 1994 A review and reformulation of social information-processing mechanisms in children's social adjustment. *Psychological Bulletin*, **115**(1), 74-101.
Damasio, H., Grabowski, T., Frank, R., Galaburda, A. M., & Damasio, A. R. 1994 The return of Phineas Gage: Clues about the brain from the skull of a famous patient. *Science*, **264**(5162), 1102-1105.
出口保行・大川 力 2004 エンパシッククライムに関する研究（Ⅰ） 犯罪心理学研究, **42**（特別号), 140-141.
DeWall, C. N., Baumeister, R. F., Stillman, T. F., & Gailliot, M. T. 2007 Violence restrained: Effects of self-regulation and its depletion on aggression. *Journal of Experimental Social Psychology*, **43**(1), 62-76.
Dodge, K. A., Bates, J. E., & Pettit, G. S. 1990 Mechanisms in the cycle of violence. *Science*, **250**, 1678-1683.
Dodge, K. A., & Pettit, G. S. 2003 A biopsychosocial model of the development of chronic conduct problems in adolescence. *Developmental Psychology*, **39**, 349-371.
Dugdale, R. L. 1877 *"The jukes": A study in crime, pauperism, diseases, and heredity; also, further studies of criminals*. GP Putnam's Sons.
Durkheim, E. 1897 *Le suicide: Etude de sociologie*. Paris: Felix Alcan. 宮島 喬（訳）1985 自殺論 中公文庫

Eysenck, H. J. 1964 *Crime and personality*. New York: Houghton Mifflin. MPI研究会（訳）1966　犯罪とパーソナリティ　誠信書房

Ferguson, C. J. 2010 Genetic contributions to antisocial personality and behavior: A meta-analytic review from an evolutionary perspective. *The Journal of Social Psychology*, **150**(2), 160-180.

Ficks, C. A., & Waldman, I. D. 2014 Candidate genes for aggression and antisocial behavior: A meta-analysis of association studies of the 5HTTLPR and MAOA-uVNTR. *Behavior Genetics*, **44**(5), 427-444.

渕上康幸　2008　共感性と素行障害との関連　犯罪心理学研究, **46**(2), 15-23.

Gao, Y., Raine, A., Venables, P. H., Dwason, M. E., & Mednick, S. A. 2010Association of poor childhood fear conditioning and adult crime. *The American Journal of Psychiatry*, **167**, 56-60.

Goddard, H. H. 1912 *The Kallikak family: A study in the heredity of feeble-mindedness*. Macmillan.

五位塚和也　2016　先行場面における他者からの好意の明示性が曖昧な挑発場面における児童の社会的情報処理様式に及ぼす影響　発達心理学研究, **27**（4), 418-428.

Goring, C. 1913 *The english Convict*. Montclair, NJ: Patterson Smith.

Gottfredson, M. R., & Hirschi, T. 1990 *A general theory of crime*. Stanford, CA: Stanford University Press.　大渕憲一（訳）2018　犯罪の一般理論―低自己統制シンドローム―　丸善出版

Götz, M. J., Johnstone, E. C., & Ratcliffe, S. G. 1999 Criminality and antisocial behaviour in unselected men with sex chromosome abnormalities. *Psychological medicine*, **29**(4), 953-962.

Graziano, W. G., & Eisenberg, N. 1997 Agreeableness: A dimension of personality. In R. Hogan, J. Johnson, & S. Briggs（Eds.), *Handbook of personality psychology*. San Diego, CA: Academic Press. pp. 95-824.

Hirschi, T. 1969 *Causes of delinquency*. Berkeley, CA: University of California Press.　森田洋司・清水新二（監訳）2010　非行の原因―家庭・学校・社会へのつながりを求めて―〔新装版〕　文化書房博文社

Huesmann, L. R., & Guerra, N. G. 1997 Children's normative beliefs about aggression and aggressive behavior. *Journal of Personality and Social Psychology*, **72**, 408-419.

加藤弘通　2003　問題行動と生徒文化の関係についての研究―不良生徒及びまじめな生徒に対する生徒集団の評価が問題行動の発生に及ぼす影響について―　犯罪心理学研究, **41**（2), 17-26.

加藤弘通　2007　問題行動と学校の荒れ　ナカニシヤ出版

河野荘子・岡本英生　2001　犯罪者の自己統制，犯罪進度及び家庭環境の関連についての検討　犯罪心理学研究, **39**(1), 1-14.

河野荘子・岡本英生・近藤淳哉　2013　青年犯罪者の共感性の特性　青年心理学研究, **25**(1), 1-11.

小城英子　2017　マスメディアと犯罪　越智啓太・桐生正幸（編著）　テキスト司法・犯罪心理学　北大路書房　pp.505-516.

Krahé, B. 2001 *The social psychology of aggression*. London: Psychology Press.　秦　一士・湯川進太郎（編訳）2003　攻撃の心理学　北大路書房

桑原　斉・池谷　和　2018　犯罪・触法行為と自閉スペクトラム症（特集：児童・青年期における司法精神医学）　児童青年精神医学とその近接領域, **59**(2), 148-158.

Latvala, A., Kuja-Halkola, R., Almqvist, C., Larsson, H., & Lichtenstein, P. 2015 A longitudinal study of resting heart rate and violent criminality in more than 700 000 men. *JAMA Psychiatry*, **72**(10), 971-978.

Leventhal, T., & Brooks-Gunn, J. 2000 The neighborhoods they live in: The effects of neighborhood residence on child and adolescent outcomes. *Psychological Bulletin*, **126**, 309-337.

Lorber, M. F. 2004 Psychophysiology of aggression, psychopathy, and conduct problems: A meta-analysis. *Psychological Bulletin*, **130**(4), 531.

Lykken, D. T. 1995 *The antisocial personalities*. Hillsdale, NJ: Lawrence Erlbaum.

McCrae, R. R., & John, O. P. 1992 An introduction to the five-factor model and its applications. *Journal of Personality*, **60**(2), 174-214.

Merton, R. K. 1949 *Social theory and social structure*. The Free Press.　森　東吾・森　好夫・金沢　実・中島竜太郎（訳）1961　社会理論と社会構造　みすず書房

Meyer-Lindenberg, A., Buckholtz, J. W., Kolachana, B., Hariri, A. R., Pezawas, L., Blasi, G., Wabnits, A., Honea, R., Verchinski, B., Callicott, J. H., Egan, M., Mattay, V., & Weinberger, D. R. 2006 Neural mechanisms of genetic risk for impulsivity and violence in humans. *Proceedings of the National Academy of Sciences*, **103**(16), 6269-6274.

Müller, J. L., Sommer, M., Wagner, V., Lange, K., Taschler, H., Röder, C. H., Schuierer, G., Klein, H. E., & Hajak, G. 2003 Abnormalities in emotion processing within cortical and subcortical regions in criminal psychopaths: Evidence from a functional magnetic resonance imaging study using pictures with emotional content. *Biological Psychiatry*, **54**(2), 152-162.

中川知宏・仲本尚史・山入端津由　2007　集団同一化と集団志向性が集団非行に及ぼす影響――一般群と非行群との比較―　応用心理学研究, **32**(2), 61-72.

中村裕美子　2005　中・高校生の学歴アスピレーションと学歴アノミーの分析　現代の社会病理, **20**, 67-90.

小保方晶子・無藤　隆　2005　親子関係・友人関係・セルフコントロールから検討した中学生の非行傾向行為の規定要因および抑止要因　発達心理学研究, **16**(3), 286-299.

越智啓太　2012　犯罪心理学　サイエンス社

大江由香・亀田公子　2015　犯罪者・非行少年の処遇におけるメタ認知の重要性―自己統制力と自己認識力，社会適応力を効果的に涵養するための認知心理学的アプローチ―　教育心理学研究, **63**(4), 467-478.

大渕憲一　2006　犯罪心理学―犯罪の原因をどこに求めるのか―　培風館

岡邊　健　2010　社会階層と少年非行―官庁統計と社会調査データに基づく一考察―　現代の社会病理, **25**, 77-96.

岡本英生　1997　非行・犯罪心理学における動機づけ研究―本邦における無力感と効力感に関する研究のこれまでと今後について―　犯罪心理学研究, **35**(2), 53-62.

岡本英生・栃尾順子・中村淳子　1996　非行少年の効力感についての研究―非行の程度と効力感の関係について―　犯罪心理学研究, **34**(1), 17-24.

尾崎由佳・後藤崇志・小林麻衣・沓澤　岳　2016　セルフコントロール尺度短縮版の邦訳および信頼性・妥当性の検討　心理学研究, **87**(2), 144-154.

Pajer, K., Gardner, W., Rubin, R. T., Perel, J., & Neal, S. 2001 Decreased cortisol levels in adolescent girls with conduct disorder. *Archives of General Psychiatry*, **58**(3), 297-302.

Pardini, D. A., Raine, A., Erickson, K., & Loeber, R. 2014 Lower amygdala volume in men is associated with childhood aggression, early psychopathic traits, and future violence. *Biological psychiatry*, **75**(1), 73-80.

Plomin, R. 1994 *Genetics and experience: The interplay between nature and nurture*. Sage Publications, Inc.

Quan, F., Zhu, W., Dong, Y., Qiu, J., Gong, X., Xiao, M., Zheng, Y., Zhao, Y., Ghen, X., & Xia, L. X. 2019 Brain structure links trait hostile attribution bias and attitudes toward violence. *Neuropsychologia*, **125**, 42-50.

Raine, A. 2008 From genes to brain to antisocial behavior. Current directions in psychological *Science*, **17**(5), 323-328.

Raine, A. 2019 The neuromoral theory of antisocial, violent, and psychopathic behavior. *Psychiatry research*, **277**, 64-69.

Rhee, S. H., & Waldman, I. D. 2002 Genetic and environmental influences on antisocial behavior: A meta-analysis of twin and adoption studies. *Psychological bulletin*, **128**(3), 490.

坂野雄二・東條光彦　1986　一般性セルフ・エフィカシー尺度作成の試み　行動療法研究, **12**(1), 73-82.

Sampson, R. J., Raudenbush, S. W., & Earls, F. 1997 Neighborhoods and violent crime: A multilevel study of collective efficacy. *Science*, **277**, 918-924.

曽我祥子・島井哲志・大竹恵子　2002　児童の攻撃性と性格特性との関係の分析　心理学研究, **73**(4), 358-365.

Sutherland, E. H., & Cressy, D. R. 1960 *Principles of criminology*. J. B. Lippincott Company.　平野龍一・所

一彦（訳）1964　犯罪の原因　有信堂
只野智弘・岡邊　健・竹下賀子・猪爪祐介　2017　非行からの立ち直り（デシスタンス）に関する要因の考察—少年院出院者に対する質問紙調査に基づいて—　犯罪社会学研究, **42**, 74-90.
Tuente, S. K., Bogaerts, S., & Veling, W. 2019 Hostile attribution bias and aggression in adults-a systematic review. *Aggression and Violent Behavior*, **46**, 66-81.
上田光明　2006　犯罪学におけるコントロール理論の学説史的展開　現代の社会病理, **21**, 47-58.
Vachon, D. D., Lynam, D. R., & Johunson, J. A. 2014 The（Non）relation between empathy and aggression: Surprising results from a meta-analysis. *Psychological Bulletin*, **140**(3), 751-773.
van Goozen, S. H., Fairchild, G., Snoek, H., & Harold, G. T. 2007 The evidence for a neurobiological model of childhood antisocial behavior. *Psychological Bulletin*, **133**(1), 149.
Wolfgang, M. E. 1961 Pioneers in criminology: Cesare Lombroso（1825-1909）. *Criminal Law, Criminology and Police Science*, **52**, 361.
山本　功　2005　高校生のアルバイトは非行を抑止するか　犯罪社会学研究, **30**, 138-150.
山内祐司　2004　学校の問題行動抑制機能—ボンド理論の再構成と実証の試み—　犯罪社会学研究, **29**, 114-127.
Yang, Y., & Raine, A. 2009 Prefrontal structural and functional brain imaging findings in antisocial, violent, and psychopathic individuals: A meta-analysis. *Psychiatry Research: Neuroimaging*, **174**(2), 81-88.
米川茂信　1995　学歴アノミーと少年非行　学文社
米川茂信　1996　学歴アノミーと中・高生非行　犯罪社会学研究, **21**, 118-144.
吉田琢哉・吉澤寛之・浅野良輔・玉井颯一・吉田俊和　2019　社会化エージェントが社会的認知バイアスに及ぼす影響—親の養育，教師の指導，友人の非行，地域の集合的有能感を指標とした検討—　教育心理学研究, **67**(4), 252-264.
吉澤寛之・吉田琢哉・原田知佳・浅野良輔・玉井颯一・吉田俊和　2017　養育・しつけが反社会的行動に及ぼす弁別的影響—適応性を考慮した社会的情報処理による媒介過程—　教育心理学研究, **65**(2), 281-294.
吉澤寛之・吉田俊和　2010　中高校生における親友・仲間集団との反社会性の相互影響—社会的情報処理モデルに基づく検討—　実験社会心理学研究, **50**(1), 103-116.
吉澤寛之・吉田俊和・原田知佳・海上智昭・朴　賢晶・中島　誠・尾関美喜　2009　社会環境が反社会的行動に及ぼす影響—社会化と日常活動による媒介モデル—　心理学研究, **80**(1), 33-41.
吉澤寛之・吉田俊和・中島　誠・吉田琢哉・原田知佳　2019　地域住民の関与・雰囲気が集合的有能感を介して子どもの反社会性に及ぼす影響—層化抽出法を用いたマルチレベル分析による検討—　応用心理学研究, **45**(1), 35-46.
Yoshizawa, H., Yoshida, T., Park, H., Nakajima, M., Ozeki, M., & Harada, C. 2020 Cross-cultural protective effects of neighborhood collective efficacy on antisocial behaviors: Mediating role of social information-processing. *Japanese Psychological Research*, **62**, 116-130.
湯川進太郎　2005　バイオレンス—攻撃と怒りの臨床社会心理学—　北大路書房
湯川進太郎・遠藤公久・吉田富二雄　2001　暴力映像が攻撃行動に及ぼす影響—挑発による怒り喚起の効果を中心として—　心理学研究, **72**(1), 1-9.
湯川進太郎・泊　真児　1999　性的情報接触と性犯罪行為可能性—性犯罪神話を媒介として—　犯罪心理学研究, **37**(2), 15-28.
遊間義一　2008　大学生の教室内逸脱行動に対するストレインと不良交友の交互作用　心理学研究, **79**(3), 224-231.

◆第３章

Agosta, S., Ghirardi, V., Zogmaister, C., Castiello, U., & Sartori, G. 2011 Detecting Fakers of the autobiographical IAT. *Applied Cognitive Psychology*, **25**, 299-306.

Alison, L., Bennell, C., Mokros, A., & Ormerod, D. 2002 Personality paradox in offender profiling: A theoretical review of the processes involved in deriving background characteristics from crime scene actions. *Psychology, Public Policy, and Law*, **8**, 115-135.

Alison, L., Goodwill, A., Almond, L., Heuvel, C., & Winter, J. 2010 Pragmatic solutions to offender profiling and behavioural investigative advice. *Legal and Criminological Psychology*, **15**, 115-132.

Brantingham, P. L., & Brantingham, P. J. 1981 Notes on the geometry of crime. In M. A. Andresen, P. J. Brantingham & J. B. Kinney (Eds.), *Classics in environmental criminology*. Beverly Hills: Sage Publications. pp.27-54.

Brantingham, P. L., & Brantingham, P. J. 1993 Nodes, paths and edges: Considerations on environmental criminology. *Journal of Environmental Psychology*, **13**, 3-28.

Bull, R. 2018 PEACE-ful interviewing/interrogation: What research can tell us. In K. Shigemasu, S. Kuwano, T. Sato, & T. Matsuzawa (Eds.), *Diversity in harmony: Insights from psychology*. Hoboken, NJ: John Wiley & Sons. pp.191-210.

Canter, D. V., & Larkin, P. 1993 The environmental range of serial rapists. *Journal of Environmental Psychology*, **13**, 63-69.

Canter, D. V., & Youngs, D. 2009 *Investigative psychology: Offender profiling and the analysis of criminal action*. Chichester: John Wiley & Sons Ltd.

Chrobak, Q. M., & Zaragoza, M. S. 2013 The misinformation effect: Past research and recent advances. In A. M. Ridley, F. Gabbert, & D. L. Rooy (Eds.), *Suggestibility in legal contexts: Psychological research and forensic implications*. Chichester, UK: John Wiley & Sons. pp.85-106.

Clarke, R. V. 2008 Situational crime prevention. In R. Wortley & L. Mazerolle (Eds.), *Environmental criminology and crime analysis*. Cullompton, Devon: Willan Publishing. pp.178-194. 島田貴仁・渡辺昭一（監訳）齊藤知範・雨宮 護・菊池城治・畑 倫子（訳）2010 環境犯罪学と犯罪分析 社会安全研究財団

Cornish, D. B., & Clarke, R. V. 2003 Opportunities, precipitators and criminal decisions: A reply to Wortley's critiques of situational crime prevention. In M. J. Smith & D. B. Cornish (Eds.), *Crime prevention studies* (vol. 3). Monsey, NY: Criminal Justice Press. pp.41-96.

Cornish, D. B., & Clarke, R. V. 2008 The rational choice approach. In R. Wortley & L. Mazerolle (Eds.), *Environmental criminology and crime analysis*. Cullompton, Devon: Willan Publishing. pp.21-47. 島田貴仁・渡辺昭一（監訳）齊藤知範・雨宮 護・菊池城治・畑 倫子（訳）2010 環境犯罪学と犯罪分析 社会安全研究財団

Dowden, C., Bennell, C., & Bloomfield, S. 2007 Advances in offender profiling: A systematic review of the profiling literature published over the past three decades. *Journal of Police and Criminal Psychology*, **22**, 44-56.

Ebbinghaus, H. 1885 *Über das Gedächtnis : Untersuchungen zur experimentellen Psychologie* Leipzig: Duncker & Humblot. Ruger, H. A., & Bussenius, C. E. (Translated) 1913 *Memory: A contribution to experimental psychology*. New York: Teachers College, Columbia University.

Engelhard, I. M., Merckelbach, H., & van den Hout, M. A. 2003 The guilty knowledge test and the modified stroop task in detection of deception: An exploratory study. *Psychological Reports*, **92**, 683-691.

Fawcett, J. M., Russell, E. J., Peace, K. A., & Christie, J. 2013 Of guns and geese: A meta-analytic review of the 'weapon focus' literature. *Psychology, Crime and Law*, **19**, 35-66.

Fisher, R. P., & Geiselman, R. E. 1992 *Memory-enhancing techniques for investigative interviewing: The cognitive interview*. Springfield, IL: Charles C Thomas publisher. 宮田 洋（監訳）高村 茂・横田賀英子・横井幸久・渡邉和美（訳） 2012 認知面接―目撃者の記憶想起を促す心理学的テクニック― 関西学院大学出版会

Furedy, J. J., & Ben-Shakhar, G. 1991 The roles of deception, intention to deceive, and motivation to avoid detection in the psychophysiological detection of guilty knowledge. *Psychophysiology*, **28**, 163-171.

Gabbert, F., & Hope, L. 2013 Suggestibility and memory conformity. In A. M. Ridley, F. Gabbert, & D. La Rooy (Eds.), *Suggestibility in legal contexts: Psychological research and forensic implications.* Chichester, UK: John Wiley & Sons, Ltd. pp.63-83.

Gabbert, F., Hope, L., & Fisher, R. P. 2009 Protecting eyewitness evidence: Examining the efficacy of a self-administered interview tool. *Law and Human Behavior*, **33**, 298-307.

Geiselman, R. E., Fisher, R. P., Firstenberg, I., Hutton, L. A., Sullivan, S. J., Avetissian, I. V., & Prosk, A. L. 1984 Enhancement of eyewitness memory: An empirical evaluation of the cognitive interview. *Journal of Police Science & Administration*, **12**, 74-80.

Granhag, P. A., & Strömwall, L. A. 2002 Repeated Interrogations: Verbal and non-verbal cues to deception. *Applied Cognitive Psychology*, **16**, 243-257.

Granhag, P. A., Vrij, A., & Verschuere, B. 2015 *Detecting deception: Current challenges and cognitive approaches*. New Journey: Wiley-Blackwell Press. 荒川　歩・石崎千景・菅原邦夫（監訳） 2017 虚偽検出―嘘を見抜く心理学の最前線― 北大路書房

Griffiths, A., & Milne, B. 2006 Will it all end in tiers? Police interviews with suspects in Britain. In T. Williamson (Ed.), *Investigative interviewing: Rights, research and regulation.* Devon, UK: Willan Publishing. pp.167-189.

Gronau, N., Ben-shakhar, G., & Cohen, A. 2005 Behavioral and physiological measures in the detection of concealed information. *Journal of Applied Psychology*, **90**, 147-158.

Gudjonsson, G. H. 2003 *The psychology of interrogations and confessions: A handbook*. Chichester, UK: Wiley.

Gudjonsson, G. H. 2018 *The psychology of false confessions: Forty years of science and practice*. Chichester, UK: John Wiley & Sons.

萩野谷俊平・倉石宏樹・花山愛子・小林正和・細川豊治・杉本貴史 2017 地理的プロファイリングの精度比較 心理学研究, **88**(2), 123-131.

Häkkänen, H., Lindlöf, P., & Santtila, P. 2004 Crime scene actions and offender characteristics in a sample of Finnish stranger rapes. *Journal of Investigative Psychology and Offender Profiling,* **1**, 17-32.

Hazelwood, R. R. 2016 Analyzing the rape and profiling the offender. In R. R. Hazelwood & A. W. Burgess (Eds.), *Practical aspects of rape investigation: A multidisciplinary approach* (5th ed.). Boca Raton, FL: CRC Press. pp.97-121.

Hazelwood, R. R., & Warren, J. I. 2016 Linkage analysis: MO, ritual, signature in serial sexual crimes. In R. R. Hazelwood, & A. W. Burgess (Eds.), *Practical aspects of rape investigation: A multidisciplinary approach* (5th ed.). Boca Raton, FL: CRC Press. pp.149-158.

平　伸二 2011 ポリグラフ検査 越智啓太・藤田政博・渡邉和美（編） 法と心理学の事典―犯罪・裁判・矯正― 朝倉書店

平間一樹・大塚祐輔・横田賀英子・和智妙子・渡邉和美 2019 犯行前の意思決定行動に基づく強姦事件の犯人の分類 犯罪心理学研究, **56**(2), 1-14.

廣田昭久・澤田幸展・田中豪一・長野祐一郎・松田いづみ・高澤則美 2003 新たな精神生理学的虚偽検出の指標：規準化脈波容積の適用可能性 生理心理学と精神生理学, **21**(3), 217-230.

Hope, L., Blocksidge, D., Gabbert, F., Sauer, J. D., Lewinski, W., Mirashi, A., & Atuk, E. 2016 Memory and the operational witness: Police officer recall of firearms encounters as a function of active response role. *Law and Human Behavior*, **40**, 23-35.

堀　忠雄・尾崎久記（監修）坂田省吾・山田富美雄（編） 2017 生理心理学と精神生理学 第 I 巻 基礎 北大路書房

Horselenberg, R., Merckelbach, H., & Josephs, S. 2003 Individual differences and false confessions: A conceptual replication of Kassin and Kiechel. *Psychology, Crime and Law*, **9**, 1-8.

法務省　2017　法制審議会　少年法・刑事法（少年年齢・犯罪者処遇関係）部会　第2回会議議事録 http://www.moj.go.jp/content/001225932.pdf（2020年3月18日閲覧）

法務省法務総合研究所（編）　2019　令和元年版 犯罪白書　昭和情報プロセス

法務省矯正研修所（編）　2020　研修教材　増補改訂版　矯正心理学　矯正協会

法務省矯正局　2013　法務省式ケースアセスメントツール（MJCA）の開発と運用開始について http://www.moj.go.jp/content/000116311.pdf（2020年3月18日閲覧）

Inbau, F. E., Reid, J. E., Buckley, J. P., & Jayne, B.C. 2013 *Criminal interrogation and confessions*（5th ed.）. Burlington, MA: Jones and Bartlett Learning.

石毛　博　2004　収容鑑別の実際　犬塚石夫・松本良枝・進藤　眸（編）　矯正心理学—犯罪・非行からの回復を目指す心理学—下巻　実践編　東京法令出版　pp.63-86

Jelicic, M., Merchkelbach, H., & van Bergen, S. 2004 Symptom validity of feigned amnesia for a mock crime. *Archives of Clinical Neuropsychology*, **19**, 525-531.

Kassin, S. M., & Kiechel, K. L. 1996 The social psychology of false confession: Compliance, internalization, and confabulation. *Psychological Science*, **7**, 125-128.

Kassin, S. M., & Wrightsman, L. S. 1985 Confession evidence. In S. M. Kassin, & L. S. Wrightsman（Eds.）, *The psychology of evidence and trial procedures*. London, UK: Sage. pp.67-94.

警察庁　2019a　令和元年版警察白書　Retrieved from https://www.npa.go.jp/hakusyo/r01/honbun/index.html（2020年２月26日閲覧）

警察庁　2019b　平成30年の犯罪　Retrieved from https://www.npa.go.jp/toukei/soubunkan/h30/h30hanzaitoukei.htm（2020年２月26日閲覧）

Klaver, J. R., Lee, Z., & Rose, V. G. 2008 Effects of personality, interrogation techniques and plausibility in an experimental false confession paradigm. *Legal and Criminological Psychology*, **13**, 71-88.

klein Selle, N. K., Verschuere, B., Kindt, M., Meijer, E., & Ben-Shakhar, G. 2016 Orienting versus inhibition in the Concealed Information Test: Different cognitive processes drive different physiological measures. *Psychophysiology*, **53**, 579-590.

klein Selle, N.K., Verschuere, B., Kindt, M., Meijer, E., & Ben-Shakhar, G. 2017 Unravel the roles of orienting and inhibition in the Concealed Information Test. *Psychophysiology*, **54**, 628-639.

小林孝寛　2017　呼吸系　鈴木直人・片山順一（編著）　生理心理学と精神生理学　第Ⅱ巻 応用　北大路書房　pp.247-251.

小林孝寛・吉本かおり・藤原修治　2009　実務ポリグラフ検査の現状　生理心理学と精神生理学, **27**(1), 5-15.

小中信幸・渡部保夫　1990　自白—真実への尋問テクニック—　ぎょうせい（Inbau, F. E., Reid, J. E., & Buckley, J. P. 1986 *Criminal Interrogation and Confessions*（3rd ed.）. Baltimore: Williams & Wilkins.）

近藤淳哉　2013　非行・犯罪者の心理アセスメント　河野荘子・岡本英生（編）　コンパクト犯罪心理学—初歩から卒論・修論作成のヒントまで—　北大路書房　pp.67-77

Lancry-Dayan, O. C., Nahari, T., Ben Shakhar, G., & Pertzov, Y. 2017 Do you know him? Gaze dynamics toward familiar faces on a concealed information test. *Journal of Applied Research in Memory and Cognition*, **7**, 291-302.

La Rooy, D. J., Brown, D., & Lamb, M. E. 2013 Suggestibility and witness interviewing using the Cognitive Interview and NICHD Protocol. In A. M. Ridley, F. Gabbert, & D. La Rooy（Eds.）, *Suggestibility in legal contexts: Psychological research and forensic implications*. Chichester, UK: John Wiley & Sons, Ltd. pp. 197-216.

Locker, L., & Pratarelli, M. E. 1997 Lexical decision and the detection of concealed information. *The Journal of Credibility Assessment and Witness Psychology*, **1**, 33-43.

Loftus, E. F. 2013 25years of eyewitness science…finally pays off. *Perspective on Psychological Science: A Journal of the Association for Psychological Science*, **8**, 556-557.

Loftus, E. F., Miller, D. G., & Burns, H. J. 1978 Sematic integration of verbal information into a visual memory. *Journal of Experimental Psychology: Human Learning & Memory*, **4**, 19-31.

Loftus, E. F., & Palmer, J. C. 1974 Reconstruction of automobile destruction: An example of the interaction between language and memory. *Journal of Verbal Learning and Verbal Behavior*, **13**, 585-589.

Luria, G., & Rosenblum, S. 2010 Comparing the handwriting behaviours of the true and false writing with computerized handwriting measures. *Applied Cognitive Psychology*, **24**, 1115-1128.

Mac Giolla, E., & Granhag, P. A. 2017 Interviewing suspects. In G. M. Davis, & A. R. Beech (Eds.), *Forensic psychology: Crime, justice, law, interventions* (3rd ed.). Chichester, UK: Wiley-Blackwell. pp.231-254.

Matsuda, I., Nittono, H., & Allen, J. J. 2013 Detection of concealed information by P3 and frontal EEG asymmetry. *Neuroscience Letters*, **537**, 55-59.

松井由紀夫　2011　諸外国における刑事司法制度の調査研究(1)英国における刑事司法制度について　警察学論集, **64**(7), 5-45.

Meijer, E., Smulders, F. T. Y., Johnston, J. E., & Merckelbach, H. L. G. J. 2007 Combining skin conductance and forced choice in the detection of concealed information. *Psychophysiology*, **44**, 814-822.

Meissner, C. A., Redlich, A. D., Micheal, S. W., Evans, J. R., Camilletti, C. R., Bhatt, S., & Brandon, S. 2014 Accusatorial and information-gathering interrogation methods and their effects on true and false confessions: A meta-analytic review. *Journal of Experimental Criminology*, **10**, 459-486.

Memon, A., Meissner, C. A., & Fraser, J. 2010 The cognitive interview: A meta-analytic review and study space analysis. *Psychology, Public Policy, and Law*, **16**, 340-372.

三本照美　2006　連続年少者わいせつ　渡邉和美・高村　茂・桐生正幸（編）　犯罪者プロファイリング入門　北大路書房　pp.42-43.

三本照美・深田直樹　1999　連続放火犯の居住地推定—地理的重心モデルを用いた地理的プロファイリング—　科学警察研究所報告防犯少年編, **40**(1), 23-36.

Mokros, A., & Alison, L. J. 2002 Is offender profiling possible? Testing the predicted homology of crime scene actions and background characteristics in a sample of rapists. *Legal and Criminological Psychology*, **7**, 25-43.

中山　誠　2001　犯行時の記憶評価のパラダイム：Guilty Knowledge Test　生理心理学と精神生理学, **19**(2), 45-52

西田篤史　2016　少年鑑別所法下における鑑別—MJCAの活用を中心に—　家庭の法と裁判, **7**, 100-105.

Noordraven, E., & Verchuere, B. 2013 Predicting the sensitivity of the reaction time-based concealed information test. *Applied Cognitive Psychology*, **27**, 328-335.

Nose, I., Murai, J., & Taira, M. 2009 Disclosing concealed information on the basis of cortical activations. *NeuroImage*, **44**, 1380-1386.

小川時洋・松田いづみ・常岡充子　2013　隠匿情報検査の妥当性—記憶検出技法としての正確性の実験的検証—　日本法科学技術学会誌, **18**(1), 35-44.

Orthey, R., Vrij, A., Meijer, E., Leal, S., & Blank, H. 2018 Resistance to coaching in forced-choice testing. *Applied Cognitive Psychology*, **32**, 693-700.

Osugi, A. 2011 Daily application of the concealed information test. In B. Verschuere, G. Ben-Shakhar, & E. Meijer (Eds.), *Memory detection: Theory and application of the Concealed Information Test.* New York: Cambridge University Press.

大塚拓朗　2017　皮膚電気活動系　鈴木直人・片山順一（編著）　生理心理学と精神生理学　第Ⅱ巻 応用　北大路書房　pp.241-246.

Otsuka, T., Mizutani, M., & Yamada, F. 2019 Selective attention, not cognitive load, elicited fewer eyeblinks in a concealed information test. *Biological Psychology*, **142**, 70-79.

Parker, A. D., & Brown, J. 2000 Detection of deception: Statement validity analysis as a means of determining truthfulness or falsity of rape allegations. *Legal and Criminological Psychology*, **5**, 237-259.

Redlich, A. D. 2010 False confessions, false guilty pleas: Similarities and differences. In G. D. Lassiter, & C. A. Meissner (Eds.), *Police interrogations and false confessions: Current research, practice, and policy recommendations*. Washington, DC: American Psychological Association. pp.49-66.

Rossmo, D. K., & Rombouts, S. 2008 Geographic profiling: An investigative application of environmental criminology. In R. Wortley, & L. Mazerolle (Eds.), *Environmental criminology and crime analysis*. Cullompton, Devon: Willan Publishing. pp.136-149. 島田貴仁・渡辺昭一（監訳）齊藤知範・雨宮護・菊池城治・畑 倫子（訳）2010 環境犯罪学と犯罪分析 社会安全研究財団

Russano, M. B., Meissner, C. A., Narchet, F. M., & Kassin, S. K. 2005 Investigating true and false confessions within a novel experimental paradigm. *Psychological Science*, **16**, 481-486.

龍島秀広 2006 連続年少者わいせつ 渡邉和美・高村 茂・桐生正幸（編） 犯罪者プロファイリング入門 北大路書房 pp.42-43.

龍島秀広 2016 事件情報分析 日本犯罪心理学会（編）犯罪心理学事典 丸善出版 pp.222-223.

Sartori, G., Agosta, S., Zogmaister, C., Ferrara, S. D., & Castiello, U. 2008 How to accurately detect autobiographical events. *Psychological Science*, **19**, 772-780.

Seymour, T. L., & Fraynt, B. R. 2009 Time and encoding effects in the concealed knowledge test. *Applied Psychophysiology and Biofeedback*, **34**, 177-187.

Shepherd, E., & Griffiths, A. 2013 *Investigative interviewing: The conversation management approach* (2nd ed.). Oxford, UK: Oxford University Press.

Shibuya, Y., Okada, K., Ogawa, T., Matsuda, I., & Tsuneoka, M. 2018 Hierarchical Bayesian models for the autonomic-based concealed information test. *Biological Psychology*, **132**, 81-90.

Smith, H. M. J., Ryder, H., & Flowe, H. D. 2017 Eyewitness evidence. In G. M. Davis, & A. R. Beech (Eds.), *Forensic psychology: Crime, justice, law, interventions* (3rd ed.). Chichester, UK: Wiley-Blackwell. pp. 73-200.

Snook, B., Cullen, R. M., Bennell, C., Taylor, P. J., & Gendreau, P. 2008 The criminal profiling illusion what's behind the smoke and mirrors? *Criminal Justice and Behavior*, **35**, 1257-1276.

Sokolov, E. N. 1963 *Perception and the conditioned reflex*. New York: Macmillan.

Stroop, J. R. 1935 Studies of interference in serial verbal reactions. *Journal of Experimental Psychology*, **18**, 643-662.

鈴木 護 2005 地理的プロファイリングとは 渡辺昭一（編） 捜査心理ファイル 東京法令出版 pp. 244-266.

玉木悠太 2017 統計的プロファイリング 越智啓太・桐生正幸（編） テキスト司法・犯罪心理学 北大路書房 pp.296-313.

田村雅幸 1996 犯人像推定研究の２つのアプローチ 科学警察研究所報告防犯少年編, **37**(2), 114-122.

Timm, H. W. 1982 Analyzing deception from respiration patterns. *Journal of Police Science and Administration*, **10**, 47-51.

Verschuere, B., Crombez, G., De Clercq, A., & Koster, E. H. W. 2004 Autonomic and behavioral responding to concealed information: Differentiating orienting and defensive responses. *Psychophysiology*, **41**, 461-466.

Verschuere, B., Crombez, G., & Koster, E.H.W. 2004 Orienting to guilty knowledge. *Cognition and Emotion*, **18**, 265-279.

Verschuere, B., Crombez, G., Smolders, L., & De Clercq, A. 2009 Differentiating orienting and defensive response to concealed information: The role of verbalization. *Applied Psychophysiology and Biofeedback*, **34**, 237-244.

Verschuere, B., & De Houwer, J. 2011 Detecting concealed information in less than a second: Response latency-based measures. In B. Verschuere, G. Ben-Shakhar, & E. Meijer (Eds.), *Memory detection*. New York: Cambridge University Press.

Verschuere, B., Meijer, E., & Crombez, G. 2008 Symptom validity testing for the detection simultaed amnesia:

Not robust to coaching. *Psychology, Crime and Law*, **14**, 523-528.
Vredeveldt, A., Hitch, G. J., & Baddeley, A. D. 2011 Eyeclosure helps memory by reducing cognitive load and enhancing visualisation. *Memory & Cognition*, **39**, 1253-1263.
Vrij, A. 2008 *Detecting lies and deceit: Pitfalls and opportunities* (2nd ed.). Chichester, UK: Wiley.
Vrij, A., Granhag, P. A., & Porter, S. 2010 Pitfalls and opportunities in nonverbal and verbal lie detection. *Psychological Science*, **11**, 89-121.
Vrij, A., Leal, S., Mann, S., Warmelink, L., Granhag, P. A., & Fisher, R. P. 2010 Drawings as an innovative and successful lie detection tool. *Applied Cognitive Psychology*, **24**, 587-594.
和智妙子　2016　聴き出す技術―「取調べ（基礎編）」のポイントと発展―　季刊現代警察, **149**, 16-23.
和智妙子　印刷中　被疑者取調べ　渡邉和美（編）改訂　捜査心理学　北大路書房
Wachi, T., Kuraishi, H., Watanabe, K., Otsuka, Y., Yokota, K., & Lamb, M. E. 2018 Effects of rapport building on confessions in an experimental paradigm. *Psychology, Public Policy and Law*, **24**, 36-47.
Wachi, T., & Watanabe, K. 2015 Current practice in Japanese interrogation. In D. Walsh, G. E. Oxburgh, A. D. Redlich, & T. Myklebust (Eds.), *International development and practices in investigative interviewing and interrogation: Volume 2: Suspects*. London: Routledge. pp.56-67.
渡邉和美　2016　捜査と心理学　こころの科学, **188**, 18-24.
Wells, G. L. 1978 Applied eyewitness-testimony research: System variables and estimator variables. *Journal of Personality and Social Psychology*, **36**, 1546-1557.
山本直宏　2017　心臓血管系　鈴木直人・片山順一（編著）　生理心理学と精神生理学　第Ⅱ巻 応用　北大路書房　pp.251-258.
Yerkes, R. M., & Dodson, J. D. 1908 The relation of strength of stimulus to rapidity of habit-formation. *Journal of Comparative Neurology and Psychology*, **18**, 459-482.
横田賀英子　2011　犯罪手口の一貫性越智啓太・藤田政博・渡邉和美（編）　法と心理学の事典―犯罪・裁判・矯正―　朝倉書店　pp.300-301
横田賀英子　2018　心理学による性犯罪の捜査支援―犯罪者プロファイリングの実践を中心として―　犯罪学雑誌, **84** (6), 144-149.
横田賀英子・渡邉和美・和智妙子・大塚祐輔・倉石宏樹・藤田悟郎　2015　連続性犯罪の事件リンク分析　心理学研究, **86**(2), 209-218.
横田賀英子・渡辺昭一　1998　犯罪手口の反復性に関する分析　日本鑑識科学技術学会誌, **3** (2), 49-55.
財津　亘・渋谷友祐　2013　再認記憶の回想と熟知性が隠蔽情報検査の生理反応に及ぼす影響　心理学研究, **84**(3), 209-217.

◆第４章

Andrews, D. A., Bonta, J., & Hoge, R. D. 1990 Classification for effective rehabilitation: Rediscovering psychology. *Criminal Justice and Behavior*, **17**(1), 19-52.
Andrews, D. A., & Dowden, C. 2006 Risk principle of case classification in correctional treatment: A meta-analytic investigation. *International Journal of Offender Therapy and Comparative Criminology*, **50** (1), 88-100.
Bonta, J. 2012 The RNR model of offender Treatment: Is there value for community corrections in Japan? *Japanese Journal of Offenders Rehabilitation*, 1, 29-42. 染田　惠（訳）2012　日本の犯罪者の社会内処遇制度におけるRNRモデルの有効性　更生保護学研究, **1**, 43-56.
Bonta, J., Wallace-Capretta, S., & Rooney, J. 2000 A quasi-experimental evaluation of an intensive rehabilitation supervision program. *Criminal Justice and Behavior*, **27** (3), 312-329.
Bottoms, A. E., & Shapland, J. 2016 Learning to desist in early adulthood: The Sheffield Desistance Study. In J. Shapland, S. Farrall, & A. E. Bottoms (Ed.), *Global perspectives on desistance: Reviewing what we know, looking to the future*. London: Routledge.

Carlsson, C. 2016 Human agency, criminal careers, and desistance. In J. Shapland, S. Farrall, & A. E. Bottoms (Eds.), *Global perspectives on desistance: Reviewing what we know, looking to the future*. London: Routledge.

F-Dufour, I., & Brassard, R. 2014 The convert, the remorseful and the rescued: Three different processes of desistance from crime. *Australian and New Zealand Journal of Criminology*, **47**(3), 313-335.

Giordano, P. C. 2016 Mechanisms underlying the desistance process: Reflections on 'a theory of cognitive transformation'. In J. Shapland, S. Farrall, & A. E. Bottoms (Eds.), *Global perspectives on desistance: Reviewing what we know, looking to the future*. London: Routledge.

Glueck, S., & Glueck, E. 1968 Delinquents and nondelinquents in perspective. Cambridge: Harvard University Press.

法務省法務総合研究所　2014　法務総合研究所研究部報告54 非行少年と保護者に関する研究―少年と保護者への継続的支援に関する調査結果―
http://www.moj.go.jp/housouken/housouken03_00080.html（2020年1月10日閲覧）

法務省法務総合研究所　2016　法務総合研究所研究部報告55 性犯罪に関する総合的研究
http://www.moj.go.jp/housouken/housouken03_00084.html（2020年1月10日閲覧）

法務省法務総合研究所（編）2017　平成29年版犯罪白書　昭和情報プロセス

法務省法務総合研究所　2018a　法務総合研究所研究部報告58　青少年の立ち直り（デシスタンス）に関する研究
http://www.moj.go.jp/housouken/housouken03_00096.html（2020年1月10日閲覧）

法務省法務総合研究所（編）2018b　平成30年版 犯罪白書　昭和情報プロセス

法務省法務総合研究所（編）2019　令和元年版 犯罪白書　昭和情報プロセス

Kirkwood, S., & McNeill, F. 2015 Integration and reintegration: Comparing pathways to citizenship through asylum and criminal justice. *Criminology & Criminal Justice*, **15** (5), 511-526.

河野荘子　2009　Resilience Processとしての非行からの離脱　犯罪社会学研究, **34**, 32-46.

Laws, D. R., & Ward, T. 2011 *Desistance from sex offending: Alternatives to throwing away the keys*. New York: Guilford Press.

Martinson, R. 1974 What works? - Questions and answers about prison reform. *The public interest*, **35**, 22-54.

Maruna, S. 2001 *Making good: How ex-convicts reform and rebuild their lives*. American Psychological Association.　津富　宏・河野荘子（監訳）2013　犯罪からの離脱と人生のやり直し　明石書店

Maruna, S. 2004 Desistance from crime and explanatory style. *Journal of Contemporary Criminal Justice*, **20**, 184-200.

岡本英生　2016　青年期におけるパーソナリティの安定性と変化に関する一考察―人生の転機を経験した者の自伝を用いた検討の試み―　奈良女子大学心理臨床研究, **3**, 15-19.

Paternoster, R., & Bushway, S. 2009 Desistance and the feared self: Toward an identity theory of criminal desistance. *Journal of Criminal Law and Criminology*, **99**(4), 1103-1156.

Ross, R. R., & Fabiano, E. A. 1985 *Time to think: A cognitive model of delinquency prevention and offender rehabilitation*. Johnson City, TN: Institute of Social Sciences & Arts Incorporated.

Sampson, R. J., & Laub, J. H. 1993 *Crime in the making: Pathways and turning points through life*. Cambridge: Harvard University Press.

白井利明・岡本英生・福田研次・栃尾順子・小玉彰二・河野荘子・清水美里・太田貴巳・林幹也・林　照子・岡本由実子　2001　非行からの少年の立ち直りに関する生涯発達的研究（Ⅱ）―ライフヒストリーの分析―　大阪教育大学教育研究所報, **36**, 41-57.

白井利明・岡本英生・栃尾順子・河野荘子・近藤淳哉・福田研次・柏尾眞津子・小玉彰二　2005　非行からの少年の立ち直りに関する生涯発達的研究（Ⅴ）-非行から立ち直った人への面接調査から―　大阪教育大学紀要Ⅳ（教育科学), **54**(1), 111-129.

染田　惠　2012　犯罪者の社会内処遇における最善の実務を求めて―実証的根拠に基づく実践の定着,

RNRモデルとGLモデルの相克を超えて― 更生保護学研究, **1**, 123-147.
只野智弘・岡邊　健・竹下賀子・猪爪祐介　2017　非行からの立ち直り（デシスタンス）に関する要因の考察―少年院出院者に対する質問紙調査に基づいて― 犯罪社会学研究, **42**, 74-90.
都島梨紗　2017　更生保護施設生活者のスティグマと「立ち直り」―スティグマ対処行動に関する語りに注目して―犯罪社会学研究, **42**, 155-170.
Vaughan, B. 2007 The internal narrative of desistance. *British Journal of Criminology*, **47**, 390-404.
Ward, T., & Maruna, S. 2007 *Rehabilitation*. London: Routledge.
Ward, T., & Stewart, C. A. 2003 The treatment of sex offenders: Risk management and good lives. *Professional Psychology: Research and Practice*, **34**(4), 353-360.
遊間義一　2000　薬物乱用少年に対する矯正処遇の効果―全国の少年鑑別所に入所した少年の追跡調査から― 日本社会精神医学会雑誌, **8**（3）, 219-227.

◆第５章

American Psychiatric Association 2013 Desk Reference to the Diagnostic Criteria from DSM-5　日本精神神経学会（日本語版用語監修） 高橋三郎・大野　裕（監訳）染矢俊幸・神庭重信・尾崎紀夫・三村　將・村井俊哉（訳） 2014　DSM-5精神疾患の分類と診断の手引　医学書院
Barr, R., & Pease, K. 1990 Crime placement, displacement, and deflection. In M. Tonry, & N. Morris（Eds.）, *Crime and justice*, vol.12. Chicago: University of Chicago. pp.277-318.
Bennett, T., Holloway, K., & Farrington, D. P. 2006 Does neighborhood watch reduce crime? A systematic review and meta-analysis. *Journal of Experimental Criminology*, **2**, 437-458.
Brantingham, P. J., & Brantingham, P. L. 1981 Notes on the Geometry of crime. In P. J. Brantingham, & P. L. Brantingham（Eds.）, *Environmental criminology*. Beverly Hills, CA: Sage publication. pp.27-54.
Brantingham, P, J., & Faust, F. L. 1976 A conceptual model of crime prevention. Crime and Delinquency, 22, 284-296.
Clarke, R. V., & Eck, J. 2003 *Becoming a problem solving crime analyst: In 55 small steps*. London: Jill Dando Institute of Crime Science/ University College London.
Cohen, L. E., & Felson, M. 1979 Social change and crime rate trends: A routine activity approach. *American Sociological Review*, **44**, 588-608.
Farrington, D. P., & Welsh, B. C. 2002 Effects of improved street lighting on crime: A systematic review. *Home Office Research Study* **251**.
Ferraro, K. F. 1995 *Fear of crime: Interpreting victimization risk*. Albany: State University of New York Press.
藤井義久　2010　小学生の犯罪不安と防犯意識に関する発達的研究　発達心理学研究, **21**(4), 375-385.
Giblin, M. J. 2008 Examining personal security and avoidance measures in a 12-city sample. *Journal of Research in Crime and Delinquency*, **45**, 359-379.
Herman, J. L. 1992 *Trauma and Recovery*. Basic Books. 中井久夫（訳）1997　心的外傷と回復　みすず書房
Horowitz, M. J., Siegel, B., Holon, A., Bonanno, G. A., Milbrath, C., & Stinson, C. H. 1997 Dignositic criteria for complicated grief disorder. *American Journal of Psychiatry*, **154**(7), 904-910.
法務省法務総合研究所　2019　令和元年版 犯罪白書
http://hakusyo1.moj.go.jp/jp/66/nfm/mokuji.html（2020年2月10日閲覧）
板倉憲政　2019　犯罪被害者への心理支援の実践―リソースや身体志向の視点から― 岐阜大学教育学部研究報告, 人文科学, **67**(2), 111-120.
Jacobs, S., Mazure, C., & Prigerson, H. 2000 Diagnostic criteria for traumatic grief. *Death Studies*, **24**(3), 185-199.
Kahneman, D., & Tversky, A. 1979 Prospect theory: An analysis of decision under risk. *Econometrica*, **47**(2), 263-292.
加藤治子　2011　被害者支援と地域における連携, 犯罪被害者支援の過去・現在・未来, 全国犯罪被害者

支援フォーラム2011採録版, 39-57.
警察庁 2019 平成30年の刑法犯に関する統計資料
小西聖子 1998 犯罪被害者の心理 ケース研究, **255**, 2-15.
小西聖子 2006 犯罪被害者の心の傷（増補新版）白水社
Lab, S. P. 2004 *Crime prevention: Approaches, practices and evaluations*. Newark, NJ: Matthew Bender & Company. 渡辺昭一・島田貴仁・齋藤知範・菊地城治（訳） 2006 犯罪予防―方法，実践，評価― 社会安全研究財団
Lichtenstein, S., Slovic, P., Fischhoff, B., Layman, M., & Combs, B. 1978 Judged frequency of lethal events. *Journal of Experimental Psychology: Human Learning and Memory*, **4**, 551-578.
前田真比子 1999 犯罪被害者の心理とその援助について 大阪大学教育学部年報, **4**, 115-126.
長井 進 2004 犯罪被害者の心理と支援 ナカニシヤ出版
内閣府男女共同参画局 2019「平成30年度若年層を対象とした性暴力被害等の実態把握のためのインターネット調査」報告書
http://www.gender.go.jp/policy/no_violence/e-vaw/chousa/pdf/h30_jakunen_report.pdf（2020年2月20日閲覧）
中島聡美 2008 犯罪被害者の心理と司法関係者に求められる対応 家庭裁判月報, **60**(4), 1-26.
中谷敬明 2005 民間犯罪被害者支援団体活動における臨床心理士の役割について―面接相談でも止められていることは何か― 現代行動科学会誌, **21**, 1-7.
中谷内一也・島田貴仁 2008 犯罪リスク認知に関する一般人―専門家間比較：学生と警察官の犯罪発生頻度評価― 社会心理学研究, **24**(1), 34-44.
Norris, F. H., & Kaniasty, K. 1992 A longitudinal study of the effects of various crime prevention strategies on criminal victimization, fear of crime, and psychological distress. *American Journal of Community Psychology*, **20**, 625-648.
野坂祐子・岩切昌宏 2012 PTSD症例に対する長時間曝露療法（Prolonged Exposure）と心理社会的支援 学校危機とメンタルケア, **4**, 24-34.
緒方康介・石川隆紀・道上知美・西 由布子・前田 均 2010 事故および犯罪被害者遺族の外傷後ストレス症状の因子構造－多母集団同時分析による性別，年齢層別および死別後期間別の因子不変性－ 犯罪学雑誌, **76**(6), 160-167.
小俣謙二・島田貴仁（編）2011 犯罪と市民の心理学―犯罪リスクに社会はどうかかわるか― 北大路書房
太田美里・岡本祐子・橋本忠行 2018 社会的活動を行う犯罪被害者遺族のレジリエンスの検討 心理臨床学研究, **36**(3), 274-286.
大谷通高 2010 「ケアと倫理」犯罪被害者の救済におけるケア試論―<被害>についての考察から― 立命館大学存在学研究所報告書,（11）.
https://www.ritsumei-arsvi.org/publication/center_report/publication-center11/publication-84/（2020年2月20日閲覧）
大山みち子 1996 強姦被害者のPTSDとその回復 犯罪心理学研究, **34**(特別号), 146-147.
Piza, E. L., Welsh, B. C., Farrington, D. P., & Thomas, A. L. 2019 CCTV surveillance for crime prevention: A 40-year systematic review with meta-analysis. *Criminology & Public Policy*, **18**, 135-159.
Reppetto, T. A. 1976 Crime prevention and the displacement phenomenon. *Crime and Delinquency*, **22**, 166-177.
笹竹英穂 2008 女子大生の犯罪情報への関心および防犯意識の形成について―リスク認知および犯罪不安の観点から― 犯罪心理学研究, **46**(1), 15-29.
柴田侑秀・中谷内一也 2019 主観的被害確率が犯罪不安に与える影響―階層的クラスター分析による罪種分類に基づいて― 社会心理学研究, **34**(3), 151-161.
島田貴仁・荒井崇史 2012 犯罪情報と対処行動の効果性が犯罪対処行動意図に与える影響 心理学研究, **82**(6), 523-531.

島田貴仁・荒井崇史　2017　脅威アピールでの被害の記述と受け手の脆弱性が犯罪予防行動に与える影響　心理学研究, **88**(3), 230-240.

白井明美・中島聡美・真木佐知子・辰野文理・小西聖子　2010　犯罪被害者遺族における複雑性悲嘆及びPTSDに関連する要因の分析　臨床精神医学, **39**(8), 1053-1062.

白岩祐子・小林麻衣子・唐沢かおり　2017　警察による犯罪被害者政策の有効性—遺族の立場からの検討—　犯罪心理学研究, **55**(1), 15-27.

白岩祐子・小林麻衣子・唐沢かおり　2018　犯罪被害者遺族による制度評価—被害者参加制度・意見陳述制度に着目して—　犯罪心理学研究, **56**(1), 105-116.

Sidebottom, A., Thornton, A., Tompson, L., Belur, J., Tilley, N., & Bowers, K. 2017 A systematic review of tagging as a method to reduce theft in retail environments. *Crime Science*, **6**(1), 7.

Sidebottom, A., Tompson, L., Thornton, A., Bullock, K., Tilley, N., Bowers, K., & Johnson, S. D. 2018 Gating alleys to reduce crime: A meta-analysis and realist synthesis. *Justice Quarterly*, **35**(1), 55-86.

Tonry, M. H., & Farrington, D. P. 1995 Strategic approaches to crime prevention. In M. H. Tonry, & D. P. Farrington (Eds.), *Building a safer society: Strategic approaches to crime prevention*. Chicago: University of Chicago Press. pp.1-20.

Wagers, M., Sousa, W., & Kelling, G. 2008 Broken Windows. In R. K. Wortley, & Mazerolle, L. G. (Eds.), *Environmental criminology and crime analysis*. New York, NY: Routledge. pp.247-262.

Weinstein, N. D. 1989 Optimistic biases about personal risks. *Science*, **24**, 1232-1233.

Wilson, J. Q., & Kelling, G. L. 1982 Broken windows. *Atlantic Monthly*, **211**, 29-38.

Zimbardo, P. G. 1969 The human choice: Individuation, reason, and order versus deindividuation, impulse, and chaos. *Nebraska Symposium on Motivation*, **17**, 237-307.

人名索引

事項索引

●し

●す

●せ

●そ

●た

●ち

●て

●と

●な

●に

●わ

■執筆者一覧（執筆順）

岡本　英生（奈良女子大学）	第1章
河野　荘子（名古屋大学）	第2章1節，第4章1節
酒井　　厚（東京都立大学）	第2章2節
山脇　望美（名古屋大学）	第2章3節
吉澤　寛之（岐阜大学）	第2章4節
横田賀英子（科学警察研究所）	第3章1節
大塚　拓朗（兵庫県警察本部科学捜査研究所）	第3章2節
和智　妙子（科学警察研究所）	第3章3節
松田　芳政（徳島少年鑑別所）	第3章4節
星　あづさ（人間環境大学）	第4章2節1・2
陶山真里奈（広島保護観察所）	第4章2節3，Column 5・6
坪井　裕子（名古屋市立大学）	第5章1節
荒井　崇史（東北大学）	第5章2節
千賀　則史（同朋大学）	Column 1・8・10
岡本　吉生（日本女子大学）	Column 2
直原　康光（神戸家庭裁判所）	Column 3
上出　晶子（大阪拘置所）	Column 4
東村　和人（広島少年鑑別所）	Column 7
岡本　潤子（帝京大学）	Column 9

■編者紹介

河野 荘子（こうの・しょうこ）

1997年　名古屋大学大学院教育学研究科博士課程後期課程単位取得満了

現　在　名古屋大学大学院教育発達科学研究科教授　博士（教育学）

〈主著・論文〉

非行の語りと心理療法　ナカニシヤ出版　2003年

人をあやめる青少年の心（編著）　北大路書房　2005年

犯罪からの離脱と「人生のやり直し」—元犯罪者のナラティブから学ぶ（共監訳）　明石書店　2013年

こころの危機への心理学的アプローチ—個人・コミュニティ・社会の観点から（共編著）　金剛出版　2019年

青年犯罪者の共感性の特性（共著）　青年心理研究　第25巻1号，1-11．2013年

性犯罪者のアタッチメントの様相と支援　青少年問題　第678巻，10-17．2020年

岡本 英生（おかもと・ひでお）

1991年　神戸大学大学院教育学研究科修士課程修了

現　在　奈良女子大学生活環境科学系教授　博士（学術）

〈主著・論文〉

人をあやめる青少年の心（共著）　北大路書房　2005年

触法障害者の地域生活支援—その実践と課題（共著）　金剛出版　2017年

テキスト　司法・犯罪心理学（共著）　北大路書房　2017年

犯罪学リテラシー（共著）　法律文化社　2017年

非行からの立ち直りの要件　現代のエスプリ　第462号，170-180．2006年

コンパクト司法・犯罪心理学
―初歩から卒論・修論作成のヒントまで―

2020年10月10日　初版第1刷印刷
2020年10月20日　初版第1刷発行

定価はカバーに
表示してあります。

編　者　河 野 荘 子
　　　　岡 本 英 生

発行所　(株)北大路書房

〒603-8303　京都市北区紫野十二坊町12-8
電　話（075）431-0361（代）
FAX（075）431-9393
振　替　01050-4-2083

印刷・製本／亜細亜印刷（株）

検印省略　落丁・乱丁本はお取り替えいたします。
ISBN978-4-7628-3123-2 Printed in Japan